本书系2018年度湖北省新闻传播能力
《媒体传播效果评估体系研究
（HBXCZD1802）课题成果

新时代

中国媒体汇流
与融合传播

谢湖伟　著

长江出版传媒

长江文艺出版社

图书在版编目（ＣＩＰ）数据

新时代中国媒体汇流与融合传播 / 谢湖伟著. -- 武
汉：长江文艺出版社，2021.2(2025.5 重印)
　ISBN 978-7-5702-1468-6

　Ⅰ．①新… Ⅱ．①谢… Ⅲ．①传播媒介－发展－研究
－中国 Ⅳ．①G219.2

中国版本图书馆 CIP 数据核字(2020)第 003605 号

责任编辑：杜东辉　　　　　　　　　　责任校对：程华清
封面设计：水墨方　　　　　　　　　　责任印制：邱　莉　　胡丽平

出版：长江出版传媒｜长江文艺出版社
地址：武汉市雄楚大街 268 号　　　　邮编：430070
发行：长江文艺出版社
http://www.cjlap.com
印刷：三河市嵩川印刷有限公司

开本：880 毫米×1230 毫米　　　1/32　　印张：6
版次：2021 年 2 月第 1 版　　　　2025 年 5 月第 2 次印刷
字数：135 千字

定价：48.00 元

目录
CONTENTS

引 言

一、研究的动因和意义

新时代,中国媒体格局错杂而纷繁,或分解或碎裂,或合纵或连横,媒体汇流呈现看似完全不同的两个极端。一方面,无论传统媒体还是新兴媒体,不断细分市场,满足越来越具个性的受众群体需求,成为所有媒体必然的生存之道。另一方面,传统媒体与新兴媒体之间的整合越来越多。分化、融合,本来是矛盾的两端,但交织在一起,成为在新时代媒体汇流的主旋律。对于这一矛盾的透视,厘清矛盾背后中国媒体的汇流规律,成为本文研究的动因。

1983 年,中央电视台播出大型电视纪录片《话说长江》曾创下了 40％收视率的奇迹,成为那一代中国人的集体记忆。2006年,当中央电视台在一套重播《话说长江》时却难见当年收视盛况,收视率仅达 7％左右。而同样以长江为主题,反映 20 年来长江流域沧桑巨变的大型电视纪录片《再说长江》,无论是制作技术还是呈现方法都远远高出《话说长江》,但在收视率上根本无法望后者项背。媒体的碎片化源于受众的碎片化,而受众的碎片化则源于社会的分化。1978 年开始的中国经济与社会改革,是 150 年来中华民族从农业社会向工业社会努力冲击且成绩斐然的一段时间。在这之后的 40 年里，中国的国内生产总值持续快速增长，创造的物质财富几乎超过了过去一百年所创造的财富总和。同时，这一段时间也是中国社会结构转变最为迅速的时期，社会生产方式与生活方式均发生巨大变化。

随着社会经济的发展，人们生活水平不断提高，精神消费选择不断扩大，生活方式及意识形态呈现多样化趋向。即使是年龄、教育、收入基本相同的消费阶层内部也可能由于态度、观念的不同，呈现出逐步分化离散的状态，这种状态被称之为"碎片化"。大众媒体品牌影响力的下降和大众媒体接触的减少是大众市场"碎片化"的两大特征。中国传媒大学广告学院 IMI（创研）市场信息研究所从 1995 年开始对中国城市居民的消费行为与生活形态进行调查，至 2005 年历时 10 年。数据的跟踪研究表明，中国的城市消费正处在一个"裂变"的过程。发达国家所经历的"集中—分化—断裂"的数十年漫长过程，浓缩在中国就是进入新世纪前后的短短 10 年①。

对世界来说，20 世纪的结束宣告了工业文明之后一个信息时代和网络社会的到来。受众"碎片化"是在大众市场基础上，由不同分众市场板块不断撞击而形成的。这种"碎片化"的影响体现在受众对于媒体产品的消费行为、品牌选择、媒介接触和生活方式等方面，展现出的是一个个立体、生动、高度同质化的受众集合群体。进入新世纪，商业模式基于广告的传统媒体如电视和报纸，发现越来越难以维持其对内容消费时机和方式的控制力，越来越难以用过去相同的成本获得大批受众。以北京受

---

① 黄升民，杨雪睿. 碎片化背景下的分众传播与新媒体发展[J]. 市场观察，2006（5）：36.

众的媒介接触情况为例,1998 年至 2003 年,电视收视时间和报纸阅读时间逐年增长,而广播收听率和杂志阅读率基本呈逐年下降趋势。2003 年以后,受众的媒体接触发生了显著变化,收看电视、阅读报纸的时间开始缩短,接触广播、杂志的比例明显上升。随着私家车拥有量的增长和杂志专业化程度的深入,广播、杂志这些针对特定受众群的媒体受到更多欢迎,以网络为代表的新媒体的发展更是蒸蒸日上。很长时间以来,媒体竞争的制胜逻辑就是以规模来决定市场的占有率,带来的结果是信息海啸让受众无所适从,但庞大的市场占有率的下面其实真正有多少可以吸附在媒体下的受众? 从 20 世纪末期开始,越来越多的广告主认识到一个重要的变化——受众是"分群的"。媒体市场格局演变的最终原因是受众,于是细分受众的分众类传媒开始大行其道,大众媒体衰落,多种媒体并存,正是受众"碎片化"的最直接表现。美国国家广告客户协会(Association of National Advertisers)首席执行官鲍勃·利奥狄斯(Bob Liodice)甚至作出"大众传媒已不复存在"的论断。

21 世纪后,与中国社会经济及广告市场的高歌猛进形成明显反差的是,过去几乎一统天下的中国传统媒体遭遇拐点,无论经济收入还是影响力都严重下挫,和新兴媒体的表现呈现出此消彼长的态势。

一是报纸、广播、电视、杂志四大传统媒体广告经营额占广告市场总额的比例呈现下滑态势,2002 年占 50.5%,2004 年降至 45.5%。在传播日趋分众化、广告日益强调"精准投放"与"有效到达"的大背景下,报纸、广播、电视作为传统的"泛众传播"媒体,广告投放目标人群模糊,反馈不明显,传统的"免费节目＋插播广告"的运营模式遭遇挑战,效益整体下滑。

据慧聪媒体研究中心监测显示,2005 年 3 月成为中国报业的第一个分水岭:我国报业广告的月增长率从此开始同比增速呈现下滑趋势,6 月份的同比增幅已不到 3%。2005 年上半年全国报刊广告额平均仅增长了 7.08%,首次低于中国 GDP 的增幅①。而此前十几年,国内报刊的广告收入平均增速高达 30%以上。让人担忧的现象是,这种下滑趋势已在国内几家最有竞争力和影响力的报纸中普遍出现,过去排名前十位的报纸大概只有一到两家"幸免",其他报业集团均出现负增长。中国人民大学传播媒介管理研究所对全国报社和报业集团抽样统计,国内报业集团 2005 年上半年营业额大幅下滑,广告实际收入大都下跌 10%—30%,跌幅在 40%以上的也不在少数,平均跌幅达 15%以上。从 2003 年到 2005 年,北京读者平均每天阅读报纸时间减少了 2.2 分钟,上海读者减少了 3.6 分钟,广州读者减少了 3.5 分钟。总的来看,2003 年以后,三城市读者平均每天阅读报纸的时间不断减少。此外,电视观众的收视时间也呈整体下降趋势。

二是新媒体表现出良好的成长性。中国互联网络信息中心(CNNIC)发布的《第 23 次中国互联网络发展状况统计报告》显示,截至 2008 年底,我国互联网普及率以 22.6%的比例首次超过 21.9%的全球平均水平,我国网民规模达到 2.98 亿。与此同时,调查显示,过去半年来,90.6%的中国网民使用过宽带接入互联网,也就是说,2.7 亿中国网民使用了宽带访问互联网,较

---

① 秦华阳. 2005 中国报业:寒风中的徘徊与期待[OL]. 秦华阳博客,http://hi.baidu.com/600999/blog/item/d82719eed72543f8b2fb9599.html.

2007 年增长一个多亿。①

年轻一代对于资讯越来越倚重互联网等新兴媒体,报纸读者呈现严重的老龄化趋势。在 20 世纪 90 年代末,互联网对报纸读者的影响只有 2％左右,冲击不大。但是,到了 2004 年,北京只有 1/3 的人阅读报纸。其中,在 35 岁以下的年轻人中,有 11％的人已不阅读报纸,而习惯于从互联网上获取新闻信息。而且,北京综合性报纸读者的平均年龄已超过 41 岁,报纸读者的老龄化趋势日益显著。此外,手机、楼宇电视、直邮、移动电视等异军突起。楼宇电视发展不过几年,就培育出超过十亿元的广告市场,并催生出"分众传媒"这一在纳斯达克上市的中国概念股。分众并购聚众后,网络覆盖 75 个城市、6 万多幢楼宇,可以接触 1 亿多的主流人群。

新媒体的良好成长性,原因在于符合了受众"碎片化"和媒体市场细分的趋势。虽然这意味着规模的损失和成本的增高,但受众在分化的同时,也在产生新的聚合:QQ 群和微信群属于一种"社交聚合";网络直播间属于一种"趣缘聚合";楼宇交通属于一种"空间聚合"……媒体需要在分化的过程中寻找聚合的机会,达到最佳的市场规模效果。

其实,在媒体市场上,分化和聚合两种力量永远同时存在。过去,中国媒体走过一条"规模化吸引"的道路,这与工业社会的生产方式是相适应的。进入新时代,中国媒体再度回到"规模化吸引",但这是一种在"分众"的市场基础上重新"融合",一种重新的"规模化吸引",将形成更大规模的媒体效果。研究新时代

---

① 佚名. 中国网民数达 2.98 亿普及率首超全球平均水平［OL］. 网易,http://tech. 163. com/09/0113/14/4 VHTJ5SF0009356D. html.

中国媒体如何实现融合,如何有效覆盖,如何有效传播,这是传统媒体走出困境和新兴媒体保持竞争优势的重要课题。

二、国内外相关文献综述

中国传媒界对于分化与融合的研究,最早是由广告营销的研究开始。作为传媒最敏感的触角,广告一直不停地追随着受众的变化。对于需要精准用户的广告来说,出发点都是从分开始,找到碎片化的目标消费者。后来人们注意到,广告营销市场越走越细的过程,其实也就是融合的过程,即融合大量同类型的消费者。广告的分化与融合,其实是受众分化与融合在媒体的投射。传媒界进而对受众的分化与融合规律进行了研究,继而推导至媒体的分化与融合规律。

分化与融合规律,根本上说是"规模化"和"差异化"的共同作用,即规模化和差异化的生产、规模化和差异化的消费。对于生产来说,规模化意味着"合",差异化意味着"分",即媒介融合的生产形态特征为"有合有分"。对于消费来说规模化意味着"普",差异化意味着"异",即媒介融合的信息消费形态特征为"既普又异"。这样,消费形态的特征又反过来要求生产具有规模化和差异化的特性。

国内学者对于分化与融合规律的研究,大致有三个方面。一是以黄升民为代表,作为长年从事广告研究的学者,他们对于分与融研究的出发点是广告研究,注意量化分析,进而将视野延伸到广告市场以外;二是以喻国明为代表,作为媒介发展的战略研究者,他对分化融合规律的把握基本定位于战略层面,较少拘于细节,而是从社会与媒介的关系出发研究媒介分化、融合;三是以支庭荣为代表,主要以数字技术作为研究背景,研究传统媒体如何分化,以及如何通过数字媒体实现融合转型。

黄升民在对于中国广告的研究中发现,中国广告产业发展到今天,有五种巨大的力量在驱动它。其中核心的力量是:消费市场在细分的同时,也在重新聚合①。如果我们单纯地认为消费市场在分众化、碎片化,这是片面的,我们还应该看到另外的力量,就是聚合。消费分化与消费重聚是在不同市场发展阶段分析消费者的两种途径。在传统的大众消费市场中,强调"分"就是在数量众多的消费者中划分出具有明显特征的目标消费群体。而在碎片化的背景下,恰恰要强调"聚",强调"聚"是由于原来划分消费群体的指标逐渐模糊,必须寻求"聚"的指标才能重新把握消费者。消费聚合,媒体传播也要聚合。把握"重聚"的机会点,对于广告业和企业经营具有十分重要的意义。

消费者、品牌、媒介的"碎片化"归根结底是由于消费者个性化意识在消费中的作用提升。"消费从众"时代已经过去。在品牌号召力越来越下降、大众媒体的覆盖范围越来越小的情况下,所谓的"权威意见""专家意见"已不再是消费者的行动指南,"我"的意见才是消费行为的根源。

在《消费重聚:多元分化过程的另一个侧面》中,黄升民将视野延伸到广告市场以外。他认为,消费市场"分化"背面的另一个现象称为"重聚"。科学进步、技术更新、生产力发展逐步对大众消费市场产生深刻影响。消费者由于地理因素、人口统计特征、心理特征、行为特征等方面的差异被划分为不同消费群体,

---

① 黄升民. 聚合力量 梦圆 2008[OL]. 中华广告网,http://news. a. com. cn/News/Infos/200710/09349465466. shtml.

形成消费分化。同一阶层内部的消费者由于态度观念、生活方式的不同呈现出"碎片化"趋势,这是消费分化达到极致的表现。消费分化的过程同时也就是消费重聚的过程。由于消费分化形成的某一个特定消费群体,就是拥有某种特征的消费者聚合体。在经济环境和媒介环境都已发生巨大变化的当今社会,局限于传统指标进行消费者的分化与聚合已不足以适应市场发展的需要,将消费者生活方式某些方面的突出特征综合起来才能勾画出立体、生动、高度同质化的消费群体。消费者在"碎片化"背景下开始重新聚合,拥有相似生活形态的消费者重新聚集,形成分众群体。

黄升民进而认为,对媒体的需求是分化重聚这么一个过程,是硬币的两面,有些时候是一块聚合起来,再打碎聚合起来,这里比较容易找到重新聚合的机会,比如某一种符号、某一种心理、某一种空间的聚合。媒体必须在分和聚,在新和旧的整合中寻找商业机会。

张金海、吕尚彬提出了"四合归一",将媒体市场的"合"归纳为四种:媒介经营的整合、媒介形态的融合、媒介受众的聚合、媒介应用的混合,四合归一①。他们认为,媒介市场的总体走势,以"合"为主:媒介经营的整合、媒介形态的融合、媒介受众的聚合、媒介应用的混合,从不同方面昭示出中国媒介市场在战略转型与不断创新之中,重构新传播空间,开始走向理性、成熟。

媒介经营的整合。媒介集团内部整合、跨区域的媒介联盟、

---

① 张金海,吕尚彬.《2007年度中国广告业生态调查报告》(媒体篇)表明中国媒体挣扎上位——2007年媒体广告市场增幅放缓[J]. 现代广告,2008(2).

跨媒体的媒介联盟把媒介经营"合纵连横"的整合趋势演绎得如火如荼;媒介形态的融合:如数字报纸、数字电视,以及其他新的融合媒介的问世,使媒介融合成为媒介市场的重要标志;媒介受众的分化与聚合:如果说受众的分化带来的"碎片化"是媒介受众的表层特征的话,在分化的背后,媒介受众又开始呈现聚合;媒介应用的混合:媒介形态的分化、裂变、融合使新的媒介样态层出不穷,媒介已经不可能按照各自的媒质特色和技术特质来单项度分类应用。正在新旧媒体的层层包围的传播空间之中聚合的受众成为传播活动的中心,媒介应用的混合趋势不可遏制。

喻国明认为,媒介业发展战略将发生重构,这种重构性的发展趋势大体上可以用 5 个 U 作为关键词来加以概括。这便是所谓的媒介业未来发展的 U 化战略。所谓"U"是指构成 U 化战略的 5 个 U,即 unite(融合)、universal(普及)、user(用户)、unique(独特)、ubiquitous(无处不在)①。

所谓 unite(融合),是指就传媒对于社会施加影响的作用方式而言,一贯以来的由一个单一媒体所实施的"全程传播"的服务模式正在逐渐走向衰弱。一个传播目标的实现过程将分别由不同的媒介接续完成,而参与其中的任何一个媒介仅仅在其最为擅长的功能点上扮演和履行着自己独特的、难以取代的角色。因此,媒介业势必面临着这样两项选择:第一步是通过收缩媒介功能的外延,来实现其所擅长的、独具的、符合人们使用和选择媒介的特定期待的某个(或某些)功能内涵的强化——更加专门化、细分化和职业化。它要求每一个媒介专守于自己的特长,收缩自己的市场外延,以外延的缩小换取服务内涵的专门与擅长。

---

① 喻国明."U 化战略"——纸媒生存的大趋势[J].传媒,2006(12).

第二步是将这种具有某种核心竞争力的产品数字化，实现产品的多介质、多层次的售卖与开发，即指同一内容、同一品牌、同一渠道的横向的多介质形式的多重使用与售卖和多层次的开发，实现"组合式"的完整产品链构建模式。

所谓 universal（普及），是指任何一种媒介形式，在数字化时代本质上都是普及化的，信息价值有大小之分，趣味品位可以分众而异，但媒介的最大任务不是固执于自己的小众，而应该最大限度地实现信息值和趣味品位对所有可能切合人群的有效覆盖。分众化时代的媒介竞争不是比谁更小众，而是比谁更能为特定的信息和特定的趣味品位找到切合它们的人群。受众的分化形成了许许多多受传者群落的"碎片"，传播致效的一个基本前提，就是必须开始特别重视每一细分的个性化族群的特征，以及每一位单一消费者的个性和心理需求。一个深刻地把握了这一阶段性特征的传播者必然会看到这样一种碎片化之下的真正社会涵义，这就是在"分众"的背后新的"聚众"的需求。换言之，"分"是从面目模糊的庞大社会大众的总体中，分出清晰的有个性特征的小族群来；而"聚"则是将有着同一价值追求、生活模式与文化特征的众多个体，以某种传播手段和渠道平台聚合到一起。显然，"分"与"聚"的辩证法，可能是今后我们每天都要演练的社会习题。理解与重视受众的"碎片化"现实的真正意义在于，启发我们如何将这些碎片重新归聚起来。先细分，再归聚，这样我们拥有的将是特征明确的目标传播对象群体，从而以最小的传播代价获取最大化的传播效果，将浪费掉的传播资源的传播效能重新找回来。

支庭荣在《融合与转型：传统媒体的未来生存法则》中，以数字技术为研究背景，以广告价值作为衡量标准，从传统媒体的转型角度审视了新世纪媒体的融合局面。他认为,数字广播时代,媒体融合不应再是口号而已,无论在节目生产上还是传输手段上,都应该实现多媒体化,包括适应各种个性化需求的多媒体生产以及三网汇流的多媒体传输。

支庭荣认为:"汇流"是数字时代媒体的必经之途。新媒体的运营模式,在很大程度上不是补充,而是颠覆了传统媒体①。面对新媒体的产业链条,广播电视和报纸都将处于弱势的地位,即便这种弱势不一定在市场份额上立竿见影。这是因为,传统上的无线广播电视,甚至包括报纸,都不需要严格意义上的用户数据,只要有笼统的收视率或发行量,基本上就可以得到广告。由于新媒体的崛起,泛泛的数据没有多少差异性或竞争优势可言。"越是全球的,越应该是精确的。媒体的魔弹不能命中无效的目标,在广告的意义上,新媒体的核心价值就是细分人群。这恰恰是传统媒体的一大致命伤。"新媒体可以颠覆传统媒体,也可以拯救传统媒体。最近20年来,美国的电视网由3个变成7个,而传统的3大电视网,全部通过兼并与收购实现了转型,它们彻底融入了新媒体革命的滚滚洪流。汇流的核心,在于数字革命。所有的媒体内容都必须数字化,数字出版、数字广播、数字电视、数字音乐,都必须实现在数字平台上运行。数字媒体平台不仅可以使信息、娱乐和广告传播变成个人化的、参与式的、亲密的、移动的、可测的,而且可以搭载人类文明的所有创造物,可以延续传统媒体的生命。新媒体虽然颠覆了传统媒体的运营模式,但数字媒体平台对于传统的媒体形式是开放的。过去人

---

① 支庭荣.融合与转型:传统媒体的未来生存法则[J].中国记者,2006(2).

们单一地（或至多复合地）看电视、看报纸、上网，现在则谋求媒体的整合贯通，如在手机上看报纸、看电视、上网。融合已经成为引领每一个媒体细分行业的关键词。在技术汇流和媒体融合的大背景下，只有通信运营商、内容提供商、服务提供商，而不再存在单纯意义上的报纸或电视。如果一个媒体把未来仍然定位为传统的报纸、电台、电视台的话，那么其未来将充满太多的不确定性。媒体应该在变化了的环境中寻找自己的位置，至少成为新媒体和传统媒体融合链条上的一个节点。

目前，对于传统媒体来说，找准自己的角色定位，或大力投入新媒体，进而实现转型至为重要。成功的报纸、电视将会尽可能适应受众细分现象，从新的增值业务中获得更多的收入。其中包括：对内容进行再包装和营销，提供跨多种媒体渠道和格式的内容，提供更多快速、方便的数字内容，通过众多不同的媒体形式销售、出租或免费推送。如果是视听产品，具体的产品形式可以是 DVD、录像带和记忆卡，租售形式可以是通过有线、无线网络电子下载，以显著延长所提供产品和服务的生命周期。实现数字化后，经营传统媒体的机构将不仅限于从事新闻和娱乐，未来可能提供的产品和服务还有：点播服务，如网上广播站、无线电广播、移动电话、视频点播；在线聊天、互动、参与、投票、游戏、提问和评论；电子商务"美国偶像""超级女声"之类新星选秀系列活动等。支庭荣预言：传统媒体的客船也许不会真的被新媒体所击沉，但是某一家传统媒体完全可能被它的更能适应环境变化的传统对手所击垮。未来的媒体，其特征应该是有着非常确定的消费市场，有着清晰的差异化发展空间，具备一定的盈利能力，而且尤为重要的是，应该在数字革命中占有一席之地。

三、概念界定

面对新时代一系列媒体变局,本书作者借鉴社会进化理论中的"分化"和"融合"概念,以此诠释媒体变局的"汇流"。

分化(DIFFERENTIATION)源于生物学术语,是指某一正在发育的个体细胞中进行形态的、功能的特殊变化并建立起其他细胞所没有的特征,这样建立特异性的过程称之为分化。在社会进化理论中,分化是指社会生活的各个组成要素在时间和空间上逐渐分离成专门的部分。它是社会从传统形态向现代形态转化的重要动力。尤其是社会转型期,社会分化十分突出,成为社会变革和转型的重要标志。随着社会结构产生裂变,社会的价值、文化、政治、经济等都不同程度地产生各种形态的分化,媒体分化便是其中重要部分。媒体分化伴随着社会分化而发生,加速社会分化的进程,同时又体现着社会的文化冲突和文化分化。

融合(CONVERGENCE),意为"又在一起",是指社会生活曾经分化的各个组成要素,以某种内在的逻辑联系重新结合在一起。社会进化理论指出,社会的分化与有机化是社会发展的两种形态。有机化是曾经分化而独立存在的各要素又一次聚合在一起,当然聚合的逻辑联系与原先截然不同。社会有机化必然引起社会中人的有机化,从传播学的角度看,也就是受众重聚。受众重聚继而引起从传媒消费重聚和传媒产品重聚,最后不可避免地造成媒体重聚。

汇流(CONVERGENCE)原指水流或人潮的会合,也被运用于气象学、数学、进化生物学、政治学和经济学等学科。随着20

世纪末期数字技术的发展,汇流被用于大众传播领域。媒体汇流是"不同媒体的分支在同一个点上形成汇聚,朝同一个方向运行的过程"。这里面显然包括了两个前后紧密连接的动态过程:一是各种不同的媒体分支形成;二是在同一个点上汇聚并流动。尽管汇流一词用于新闻传播领域是由于媒体科技的发展,但在新闻传播学上汇流具有远远超过媒体科技所带来的多种涵义。

四、研究目标和研究方法

在本书中,媒体分化与媒体融合被认为是媒体汇流的两个阶段。第一阶段是从农业社会到工业社会的转型中,在社会分化的大背景下,媒体出现由少及多、由表而里、由点至面的分化;第二阶段是从工业社会到后工业社会的转型中,在社会有机化的大背景下,媒体呈现由内容到形态、由实体而虚拟的融合。

自1978年改革开放以来,中国社会20多年内完成了由半农业半工业社会到工业化社会的转型。中国媒体因此从高度统一到开始分化,又从低度分化到高度分化。从1998年起的20年,中国社会逐渐由工业社会向后工业社会转型,媒体也由分化而融合,完成了一次浩大的媒体汇流。

前文已述,对于媒体的分化与融合,国内一些学者其实从不同角度,尤其是消费市场的角度进行了探讨,探索媒体融合的数字化基础,也探索了媒体融合从经营到形态的多个层面。这些研究对于把握新时代媒体的走向具有十分重要的意义。但分与融的辩证,不仅是一个消费市场的课题,更是媒体生产全过程的课题;不仅是媒体研究某个层面的问题,而是整个媒体汇流的核心。因此本书试图将研究的视野扩展:将分与融的辩证从媒体追溯到社会本源；从消费市场延伸到媒体产品的生产者；从经营、形态等层面延伸到"媒体"这一整体的所有层面，以达到三个目的：

（一）为媒体汇流在社会学上寻找理论根源

媒体的汇流，从上游追溯是因为受众（即媒体产品消费者）的汇流，而受众的一切变化都能在社会的变化中找到源动力。因此，本书导入了社会进化理论的学术资源。社会进化论是用合乎规律的由简单到复杂、由低级向高级发展的前进运动解释社会变迁的一种社会学理论。它将变异、自然选择和遗传等生物学概念用于社会学研究，认为人类社会和生物有机体是相似的，人类社会是自然界的延续，进化是自然界的普遍规律，因而也是人类社会历史变迁的自然规律。

社会进化理论有一主要观点：宇宙中的所有物质都处于不断的分化和重新的合成运动中。这种不断的"分化"和"合成"构成了进化。分化的驱动力——竞争，往往引致社会之间的战争。一旦卷入战争，适应性更好的一方更有可能赢得胜利。因为胜者通常更加复杂、更加分化；连续的胜利也会提高社会分化的层次。而且，对资源的竞争使得那些适应性好的系统能够生存，而那些差一点的系统就必须另找资源或是消亡。对于"合成"，社会进化理论称之为"有机化"。英国哲学家赫伯特·斯宾塞在1860年出版的《社会有机体》一书中表示，社会不是构成的，而是有机生成的。他集中阐述了社会是一个有机体或超有机的集合体思想，认为社会与其周围环境之间的关系是由能量守恒定律来调适的；这种调适既表现在社会与其环境之间的生存斗争中，也表现在不同类型的社会之间，以及构成某一社会的个体的人之间的生存斗争之中。由此可以看出，分化与合成（或称有机化、聚合、融合）是社会发展的根本规律。由分与聚构成的旋律，将贯穿社会的始终，也贯穿媒体汇流的始终。

（二）构建媒体汇流模型

在社会进化理论的支撑下，本书构建了媒体汇流的模型，认为由于正负反馈的同时作用，媒体将先分化继而融合，形成汇流。

媒体汇流有两个方面的驱动力，一是外驱力，二是内动力。对于媒体分化而言，外驱力在于传媒必须以满足受众的精神文化需求为指向，受众的分化对媒体变异提供了外在的驱动力。而内动力在于媒体有着生存发展的内在需求，在为自身谋求存在的同时，会主动发生分化，对受众的需求进行引导和培育；对于媒体融合而言，外驱力是各种媒体在分化过程中，以相似特征相互吸引整合或以不同功能互补。内动力则是一种适应性的结果，媒体分化的个体特征因更适应于环境的变化而存在，渐渐与其他媒体的个体特征相结合而被保留下来，继而在传媒产业中扩散。

1978年中国改革开放以来，中国社会正在从一元的社会走向多元的社会，从平均主义的社会走向分化的差别的社会，从高整合低分化的社会转向一个分化程度不断提高的社会。1978年，是中国社会转型的发端。1992年春节，邓小平同志南方讲话，提出"改革开放胆子要大一些、步子再快一些"。中国社会开始"跳跃式"的快速发展。随着我国社会的转型，我国受众也经历了两次转型："群体型受众"到"泛群体型受众"，再到"大众型受众"。与受众的分化相适应，中国传媒的第一次分化发生在上世纪 70 年代末—90 年代初。在这段时间,我国媒体的个体分化被市场所选择,众多机关报纷纷模仿,推出"周末报",电台推出"音乐频道"等。1992 年以后,中国传媒开始第二次分化,原有以地域、行业、介质为标准的分化界限被打破,表现为"三跨"的分化特征。

进入 21 世纪,我国社会面临新的战略转型,受众的特征也转向以中产阶级为主导的菱形化,以各细分群体为主体的族群化,以及从实体空间转入心理和网络空间等的虚拟化。以数字技术为背景,媒体从实体分化走向虚拟结合,表现出融合的特点。

(三)为新时代媒体汇流探寻未来

新时代媒体汇流的特征,体现在从工业社会到后工业社会的转型中所呈现出的高度融合的态势。

中国未来社会发展,是由以不忘初心为主导的政治发展、以信息驱动为主导的经济发展、以整合碎片为主导的文化发展、以数字革命为主导的技术发展所构成。新时代的受众,也向着中产阶层为主的菱形化、互联网汇聚的趣缘群体的族群化,以及掌握了前所未有"媒体权力"的主体化方向发展。新时代的媒体融合特征,是基于平台的高分化媒体汇流、以数字技术为统一语言的汇流,以及从传播内容媒体到传播渠道的汇流。

新时代中国媒体产品的融合,分为三个主要方面,即:技术融合、应用融合和产业融合。技术融合是中国媒体汇流的创新力:移动互联网技术融合了用户的交互界面,云计算技术融合了内容生产,5G 物联技术融合了智慧媒体;应用融合是中国媒体汇流的驱动力:应用融合具有 SO(社交)LO(本地)MO(移动)的特征,以应用驱动媒体向"四全媒体"发展,建立起全新的媒体融合应用评价体系;产业融合是中国媒体汇流生产力:实现媒体内容的大规模定制化生产,通过 IP 整合泛娱乐产业链条,以及通过产业互联网助推平台型媒体转型。

第一章　社会进化理论与媒体汇流

第一节　社会进化论解读

社会进化论是用合乎规律的由简单到复杂、由低级向高级发展的前进运动解释社会变迁的一种社会学理论。它认为人类社会和生物有机体是相似的,人类社会是自然界的延续,进化是自然界的普遍规律,因而也是人类社会历史变迁的自然规律。

19 世纪下半叶,英国自然科学家达尔文的《物种起源》(1859)问世后,以自然选择为中心的生物进化观念在欧洲产生了广泛而深刻的影响。一些思想家进一步把生物进化理论引入社会历史和文化研究领域,导致了社会进化论的产生。早期社会进化论者认为,社会的进化和生物进化一样,是一个缓慢的、渐进的过程,是从低级到高级,由简单到复杂的直线式的发展。社会制度的发展也存在着某种有机规律,它决定着这些制度变化的渐进性和持续性。与早期社会进化论不同,现代社会进化论不再对社会发展阶段进行猜测,而把重点放在研究不同社会发展的变化模式上,认为社会的发展不是直线式的、渐进的过程,可借助文化传播以跨越某个或某些发展阶段;从发生学上看,人类作为一个整体必须经过一系列的进化阶段,但每一个社会不一定必须经过所有的进化阶段。

社会进化论的产生给形而上学及神创世界的物种不变论以沉重的打击,对探索社会发展的自然规律性和对社会发展进行客观的、科学的研究起了积极的作用。但它把社会发展仅仅理解为渐变、改良,反对质变、飞跃,未能跳出形而上学的窠臼。马克思对此进行了科学的批评,并阐明人类社会的发展是一个自然历史过程,社会的发展总趋势是由低级向高级发展,进化是一个迂回的、曲折的、辩证的、永无止境的过程。社会进化是人们由盲目地改造社会走向自觉地改造社会的结果,它只是社会发展的一种形式,而不是唯一的形式。

一、社会分化

社会进化理论起源于对生物的研究。现代生物进化理论是诠释生物的科学,社会学中的社会发展阶段论和生物学中解释物种分化的努力,看起来有很大的差异,实际上却有很多相通点和内在的、必然的联系。总的来说,社会学理论将进化看做是功能和活动的分化或者说专业化的过程,这与对生物物种形成的解释是类似的(专业化和物种分化来自同一个拉丁词根)。而且,从生物学理论中得到灵感与启发的斯宾塞和涂尔干,都明显强调进化背后的基本驱动力是对资源的竞争——这与达尔文的物竞天择理论作为生物进化的驱动力是相似的。①

英国哲学家赫伯特·斯宾塞坚持认为,宇宙中的所有物质处于不断的分化和重新的合成运动中。这种不断的分化和合成

① Alexandra Maryanski. "The Pursuit of Human Nature in Sociobiology and Evolutionary Sociology"[M]. Sociological Perspectives37, 1994:375-390.

构成了进化。因此进化是一种进程，它经历了从简单到复杂，从不连贯到连贯的变化；进化又是结构上从同质状态到异质状态、从非确定性到确定性、从效果单一到效果多样的转变。①

他还认为，有机体必须适应物理的、有机的和社会的环境。在这一过程中，有机体会围绕三个主轴发生分化（变异或专业化）：1.运作，即生产与再生产；2.控制，即运用权力与符号以实现协调及控制；3.分配，即信息、人员和资源的流动。社会正是围绕这些轴心实现分化的。简单的狩猎和采集社会几乎不存在这些分化，尽管可能存在一些初级的控制结构，如头领、领导。随着社会复杂化，控制结构（政治的）和运作结构（生产和再生产）之间的明确分化出现了；而在农业社会中，独特的分配体系如市场、港口和道路就会出现分化了。之后，在工业社会，这些轴心之间和内部的复杂分化模式就相当明显了。社会越分化，就越能适应外界环境。

分化的驱动力——竞争，往往引致社会之间的战争。斯宾塞认为一旦卷入战争，适应性更好的社会更有可能赢得胜利。因为胜者通常更加复杂、更加分化；连续的胜利也会提高社会分化的层次，尽管这一过程并不迅速。而且，对资源的竞争使得那些适应性好的系统能够生存，而那些差一点的系统就必须另找资源或是消亡。社会发现自己在与其近邻们抢夺资源，而社会成员也同样互相抢夺资源。经历这种社会内部和社会之间的竞争后，社会就进入了一种更加复杂的状态。

---

① Lewis A. Coser. Masters of Sociological Thought: Ideas in Historical and Social Context[M]. New York Harcourt Brace Jovanovich, Inc, 1977.

长期的历史记载证实,社会进化已经在技术创新的促使下向着更大、更复杂的社会变化。首先,社会已拥有的信息数量极大地影响到创造和采用更多信息的能力。其次是人口规模,因为更大的人口规模、更多的个体,他们具有潜在的产生新的观念的能力。第三,社会的和生物物理的环境越变化,社会越可能分化或采用其他社会的分化创新。第四,有些基础性的分化为其他分化铺平了道路,如网络技术刺激了通信、传媒等一系列分化。第五,社会的意识形态极大地限制了分化的产生与采用。有力的保守意识使个体分化很难,而且不鼓励采用来自其他社会的分化。

在社会的长期发展过程中,生产技术是进化的最重要驱动力。① 最后,技术创新总能够战胜那些鼓励延续的,甚至有权力的既得利益者的力量。技术之所以如此重要,是因为:能够更好地搜集、生产和分配资源的社会将产生经济剩余,从而支持更多的人口及其差异性,形成新的组织形式和制度系统,并最终扩散到其他社会。当更大、更复杂的社会征服、支配或向外与更小且简单的社会竞争时,尤其如此。这样,当更强大的社会通过征服、提供模型和刺激不发达的社会采用他们的文化和结构系统时,或通过从不发达的社会掠夺其赖以生存的资源,并把他们的文化系统和结构模型强加给其他社会时,"群体进化"就在人类社会历史中发生作用了。换个角度说,选择作用于个体,而进化涉及群体。不管作为个体是否能够生存和繁衍,群体都作为整体在进化。这个整体是由那些能使其生存和再生产的个体组

---

① P. Nolan and G. Lenski. Human Societies: An Introduction to Macrosociology (8th ed.)[M]. Mcgraw-Hill College. 1998:57-58.

成。当环境选择不同个体的不同特征时,群体随之就发生变化或进化。

二、社会有机化

社会变迁其实就是社会分化与社会整合的过程。分化意味着新的社会因素不断增加,出现各种新兴的阶层,各阶层间的差距拉大,对原有社会秩序形成巨大的冲击,带来社会规则的混乱。那么,在社会分化的基础,必然存在另一个过程——社会有机化。只有分化与有机化同时存在,交替进行、互相配合,才能真正推动社会的发展。

英国哲学家斯宾塞提出了社会有机体论。1860 年出版的《社会有机体》一书,是斯宾塞社会有机体思想的集中代表作。在这部著作中,他明确表示要抛弃原来由柏拉图和霍布斯等人提出的"躯体政治"(bodypolitic)的概念而转向一个更为科学的概念上。在他看来,社会不是构成的,而是有机生成的,并围绕这一思想进行了全面的阐述。斯宾塞在其三卷本的《社会学原理》(1876—1896)中,集中阐述了社会是一个有机体或超有机的集合体思想,认为社会与其周围环境之间的关系是由能量守恒定律来调适的;这种调适既表现在社会与其环境之间的生存斗争中,也表现在不同类型的社会之间,以及构成某一社会的个体的人之间的生存斗争之中。物竞天择、适者生存、自由竞争、自然淘汰是有机界的普遍法则,也是推动社会进化和持续发展的根本动因。

斯宾塞不仅通过建立庞大的学说体系来说明进化的普遍性,而且还通过和当时思想家如孔德、达尔文等人的交锋,从各个具体的方面来说明进化的无所不在性。在对达尔文进化论的认识上,他反对将进化局限在生物方面,而主张进化的无所不在性;至于对孔德的进化思想,他反对从思想观念的意义上解释社会的进程,而主张社会客观的自然作用。

社会有机体论的拥戴者们,比如孔德从社会和谐的原理出发,认为社会越进步越发展,阶级、组织和机构就越复杂,也就越需要更好地协调各组织之间的关系;迪尔凯姆将社会分析为"有机团结"及"机械团结"两种,认为在工业社会中,"有机团结"逐渐取代了"机械团结"占据主要地位,由此引申了其基本的社会学观点——个人是社会中的个人;威尔逊《新的综合》、路德维希·冯·贝塔朗菲《生命问题——现代生物学思想评价》中,把生物有机思想引入社会分析的科学哲学思想。再比如,德国哲学中社会有机体论的社会哲学,其中黑格尔的思想最接近信息化和互联网思想,他的社会有机论包括五个要点:第一,社会是一个整体,是一个有机的存在,而不是个人的某种简单的联合体;第二,整体大于部分之和,除了组成社会的个人利益之外,社会有某种共同的利益;第三,整体决定部分的性质,从来没有抽象的个人、绝对的个人,个人的性质是由他所在社会的性质决定的;第四,离开整体不可能理解部分,只有将个人置于整体之中才可能理解其社会特征;第五,组成整体的各部分之间互相联系、互相依存。

在经济学和管理学中,社会有机体论也源远流长。马歇尔在《经济学原理》中也曾承认:"经济学的目标应该基于经济生物学,而不是经济力学。"1950年,阿门·艾尔奇安(Armen Alchian)阐述了企业生物相似性的演化思想,成为企业演化理论的思想先驱。1985年,诺贝尔化学奖得主普利高津提出了社会经济复杂系统的自组织理论,有机论的思想开始主流化。

第二节　社会与媒体的互动

美国学者德夫勒（DeFleur）于 1976 年提出了著名的"媒介依赖理论"，这一理论重在解释媒介系统、社会系统与受众系统三者间的互动依存关系。由于这一理论试图描绘的是整个传播活动的图象，所以又被称之为"传播生态理论"（ecological theory of communication），即强调媒介、阅听人与社会三者之间的交错关系。

就社会这个因素而言，最重要的要素是整个社会里失序、冲突与变迁的程度。社会愈复杂，大众媒介在一个社会中发挥的功能越多，则人们对大众媒介的依赖也就越深。当社会变迁越剧烈时，则公众对外在世界的"不确定感"（uncertainty）也就越大，从而使得他们对大众媒介的依赖也就越深。在另一方面，大众媒介对社会的功能越重要，则此社会对媒介的依赖也就越大。社会对媒介的依赖，已成为一种"必须"（necessity），日益复杂的社会组织和庞大公务的需求，越来越无法只靠人际传播来满足。媒介与社会关系的密切是一种事实。今天，对于取得社会共识，协调全民政治经济活动，或在危急时刻动员公民，或寻求实现其他社会目标来说，大众传播变得越来越重要。

一个和谐的社会，其内部各个系统之间是相互开放的，而不是隔绝的；各系统之间是互惠互利的，而不是扭曲的利害关系。这样，社会就具有了长期持续发展的潜力，进一步推动习俗、价值观、人力资源、经济结构、文化创新方面的变革。作为一种特殊的子系统，传媒与社会大系统中其他子系统所存在的关系便是一种共生关系。美国学者 Moore《竞争的衰亡》一书中提出了

"商业生态系统"。"商业生态系统"是一个以互动的组织与个人（相当于企业界的有机体）为基础的经济群落。这个经济群落的有机体成员包括供应商、顾客、主要的生产者、竞争者以及其他利益相关者。随着时间的推移，成员的能力及角色协同进化，并遵循由其中一个或数个核心企业所订立的方向调整自己的运作。① 除了具有自然生态系统"优胜劣汰"的规律和开放性、复杂性、有序性、自组织以及新陈代谢等特征外，商业生态系统的特征还包括竞争与互利并存、完善协作、共同进化和群体竞争。

一、媒体接受社会输入能量

作为社会大系统中的重要子系统，传媒的发展与整个社会发展密不可分。在生物学看来，任何生命都具有通过社会体验建立预期的脑的发展机制，这叫做体验预期机制。比如人类的婴儿刚出生时，在几个月到两岁之间，脑区的神经元数量大概是成年人的 3 倍。太多的神经元凸处不需要，所以就开始"间苗"，"间苗"的过程就是自然选择的过程。到了 6—10 岁之间，他们才有了稀疏的脑神经元。这个稀疏化的过程就是专业化的过程，因为一些神经元接收不到视觉信号就死亡了，接收到视觉信号的就发展壮大了。在这期间，是谁来给他们"间苗"的？医学科学研究发现，是在社会文化的纠缠过程中，社会给婴儿完成的"间苗"。可以换个例子说，成人想学会外语需要很艰难的过程，但当他是婴儿的时候，其实是"万能"的，理论上是能学会所有的语言。

---

① Moore J F. 竞争的衰亡：商业生态系统时代的领导与战略[M].梁骏，杨飞雪，李丽娜，译. 北京：北京出版社，1999.

　　脑神经科学家阿多尔夫斯将演化理论用于心理学。黑猩猩的社群规模一般在五六只以上，甚至是十几只。现代人的社会群体，大都市是上千万人在一起。科学论证表明，人类的脑容量扩张及大脑皮质结构的演化，是与人类社会交往的扩展过程共生演化的，这个过程叫做脑与社会的共生演化过程。人类情感，是在社会交往中形成的。首先是由于有了其他个体，才有了情感，如羞愧、内疚、尴尬、嫉妒。如果只有一个人在荒岛上，他就很难生成这种情感。

　　传媒诞生以来，其发展演化过程与人类社会发展保持着同步，在社会这个宏大的系统中保持着与系统其他部分的互动共生关系，并由社会系统为其"间苗"。恩格斯说："每一时代的理论思维，都是一种历史的产物，它在不同的时代具有完全不同的形式，同时具有非常不同的内容。"①历史唯物主义认为：人们的社会实践刺激了新闻传播的产生。因此从源头上看，传播规律就是社会发展大规律的重要组成部分，社会总体的向前发展总是能够带动大众传播业的不断进步。不同的时代、不同的社会以及同一社会中的不同阶段都会赋予当下的传播活动以新的时代特点与专业要求。美国社会学家、马萨诸塞技术学院社会学教授、国际研究中心成员丹尼尔·勒纳认为：城市化对提高读写能力的"起飞"十分重要，在城市化大约达到25％的社会里，与传媒消费有最大关系的就是读写能力。

　　在传媒与社会的协同中，受众的需要决定了传媒的发展方向。传媒必须以满足他们的精神文化需求为指向，并在媒体本

① 　恩格斯.自然辩证法[C].马克思恩格斯选集.第 4 卷.北京：人民出版社,1995:284.

身的竞争与合作中,寻求新的平衡,达到系统功能耦合的最优化和效益提升的最优化。计划经济年代,被行政统一管理下的受众,有着在那个年代特殊的信息需要,这是传统机关报(台)生存的土壤。而在市场经济下,社会政治文化经济条件的成熟,使市民生活化的传媒获得巨大发展空间。进入 21 世纪,互联网的发展使我国传媒以收视率、发行量、传阅率论英雄的"覆盖性指标"遭遇价值降解。随着报纸的消失,广播电视的没落,互联网逐渐成为主要的媒体形式,进一步促进了社会结构的扁平化。这种平等的网络结构打破了传统的单向度的广播式的传播,在传统的金字塔式社会结构中,建立了点对点的直通网络,让每个受众都有了自由表达想法的渠道。

可以说,不断进步的社会环境向媒体输出了能量,使媒体不得不与时俱进。

二、媒体向社会输出能量

传媒需要与社会协同,受着社会的影响;同时,作为对社会的反作用力,传媒也对社会起着整合作用。农业社会里,社会整合是通过民族力量、宗教势力、教育和商业机构等形成维系和实现。现代社会,传播已经更多替代了那些传统因素,从而成为整合的最有力工具。

《2004—2005 中国传媒产业发展报告》指出:"2008 年前后,中国传媒产业将全面崛起,成为中国经济的支柱产业之一,并进而影响到整个社会发展和社会的深刻变化。"①《2018 年中国传

---

① 崔保国.《2004—2005 中国传媒产业发展报告》[R].北京:中国社科文献出版社,2005:3.

媒产业发展报告》则进一步揭示,随着互联网与传统媒体的融合走向深化,传媒产业已经成为中国数字经济的重要组成部分,并且作为信息枢纽,成了经济发展的重要驱动力量。马克思主义有"经济基础决定上层建筑,上层建筑又反作用于经济基础"的原理,上层建筑的这种反作用力无疑需要借助一定的中介来体现和实现。我国的经济发展,需要发达的传媒产业发挥中介作用,实现社会管理者与社会的沟通;成为国家发展的舆论中心,为社会提供凝聚力与向心力,以利于形成一致的认识信念;让公众广泛参与社会决策过程,体现现代民主社会特征。

从数字经济发展整体现状看,全球数字经济规模持续扩张,占 GDP 比重快速提升;融合型数字经济的主体地位进一步巩固,在数字经济中的占比持续上升;美国数字经济规模排在全球首位,已超 10 万亿美元,占 GDP 比重超 58%,主要国家融合型数字经济占比普遍超过 70%,少数国家甚至达到 90%;中国是全球第二大数字经济大国,呈现快速增长、规模庞大、潜力巨大的特征,2016 年中国数字经济总量达到 22.6 万亿元,同比增长 18.9%,增长速度位居全球前列,数字经济占 GDP 的比重为 30.3%,低于全球其他主要国家。① 由此可见,中国的数字经济仍有较大发展空间,随着互联网逐渐成为受众获取信息资讯和娱乐的主通道,互联网也已成为全球传媒业发展的重要驱动力。

数字经济的发展,建立了前所未有的连接,使分享、共享成为可能,也为传媒提供了更高效率与更广阔空间。但要传媒真正发挥较大的社会整合作用,关键在于操作者主动策划和调动

---

① 崔保国,郑维雄,何丹嵋.数字经济时代的传媒产业创新发展[J].新闻战线,2018(11):73-78.

受众力量,与社会某个事物的运动频率同步,在与社会的共生中,通过大规模、连续不断传播,与社会产生共振。

三、进化中的系统互动

在整个社会系统的发展中,并非所有子系统都是同步发展的,而是首先从系统的"某一要素变革"开始,由此激起连锁反应,一变俱变,社会大系统藉此发展到一个新的台阶。

"系统的结构与外部环境的相互作用中,通常有发生变异的可能。变异的方向,有可能是向着改善结构的方向进行,这种结构在特定的环境中具有较多的发展机会。因此,在开放性的系统中,当系统与环境处于长期相互作用过程时,结构有可能越来越完善和复杂。"①

按照美国社会学家丹尼尔·勒纳的观点,"传播系统是整个社会系统发生变化的晴雨表和推动器。"②只有传媒与其他系统的积极变革得以保持,并不断协调发展,才能有社会大系统的与时俱进。在整个社会系统中,传媒往往是第一个发生变革的要素,并在"传媒要素变革"基础上不断传播,推动社会大系统不断发展。

从我国社会的发展历程看,传播确实起到了"社会推动器"的作用。从 1958 年 5 月 1 日我国第一家电视台"北京电视台"(中央电视台的前身)试播,收视仅 50 户开始,到 2004 年我国电视人口的综合覆盖率达到 95.3%,家庭电视机拥有量为 3.7 亿

---

① 萧南槐. 大系统论——预测决策管理方法[M]. 广州:广东人民出版社,1986:178.
② 张国良,刘红,徐晖明. 当代中国大众媒介与社会发展[J]. 今传媒,2006(10).

台,电视观众有 11.88 亿人,全年播出节目数量达到了 1103 万小时。尤其是 1985 年至 2004 年的 20 年时间里,我国电视节目的播出量就增加了近 28 倍。央视索福瑞媒介研究有限公司对 68 个主要城市做了调查统计,全国城市平均可接收到的频道数为 69 个。最多的为广州市,达到 87 个频道;最少的为浙江衢州,有 38 个。据统计,我国共有 5000 多家新闻媒体,从业人员达 55 万人;有报纸 2137 种,杂志 9059 种,广播节目 2264 套,电视频道 2389 个,互联网站 60 余万家。世界报业协会 2007 年 6 月发表的年度报告称,2006 年,全球报纸发行量和报纸广告收入都有显著增长。中国、印度、日本、美国和德国是世界五大报纸市场,中国日均发行报纸 9870 万份,印度 8890 万份,日本 6910 万份,美国 5230 万份,德国 2110 万份。① 近 10 年来,移动互联网的蓬勃发展,更进一步提高了媒介在人们日常工作、生活中的渗透率,信息驱动成了各行业的重要生产力。伴随着第四次工业革命即信息革命的进行,信息技术席卷各行各业,未来媒体也将朝着智能化发展。

从另一方面说,我国社会的发展,也推动着传播系统。2005 年 5 月 20 日,《"传媒进化"——2005 年首界新主流传媒学术研讨会》在杭州召开。这是国内学界首次使用"传媒进化"概念。在研讨会上,各方并未对"传媒进化"形成一致认可的定义,也未对其内涵外延作出明确的解释,只是基于未来传媒的发展进行了一些大略的描述。黄升民提出,新传媒时代的到来势必会催生出更先进的媒介形态,这种媒介形态应当结合技术的发展和迎合社会转型期受众特点。程士安提出先进的媒介形态应该是

① 林晓轩. 报业并未走下坡路[N]. 参考消息,2007(336):12.

一种集大成的传媒,它要汲取现有媒体的优势,弥补传统媒体的不足。而它最大的先进性应该在于其基于多媒体科技与现代计算机通讯网络技术的信息平台,能够充分发挥现有尖端科技的优势,在进行大众化传播的同时能够做到有效的分众传播。

"传媒进化",需要从"进化"本身溯源。《Webster 第三国际词典》对"进化"的定义是:"通过一系列的变化或步骤,任何生物或生物类群,获得能区别它的形态学和生理学特征的过程。""传媒进化",是传媒通过一系列的变化或步骤,获得能区别它的社会学特征的过程。这里,首先强调"传媒进化"是一个过程,包括前进的过程,以及中性甚至少数退行性过程;其次是强调它的社会学特征,包括传媒的信息属性、政治属性、商品属性、文化属性、技术属性在总体上发生的变化。"传媒进化",是传媒社会学特征的改变。因此,"传媒进化"实际上和"社会进化"呈正相关性。施拉姆指出:"传播是社会得以形成的工具。传播(Communication)一词与社区(Community)一词有共同的词根,这绝非偶然。没有传播,就不会有社区;同样,没有社区,也不会有传播。"传媒产业与社会系统间也存在能量的交换和正负反馈。比如,传媒产业从"各据一方""守土有责",到"发展创新""关注市场";从"注意力经济"下追求发行量、收视率,到"影响力经济"下追求权威性、影响力……受众的价值观、趣味观发生的变化,对媒体本身及其传播内容和方式的要求也会改变。媒体在人本意识的支配下,偏离原来的稳定性,发生了积极的变革,从而对社会大系统中的其他领域产生影响,推动了变化着的价值观、趣味观。当然,如果这些变革是负面的,社会大系统也有可能抑制并纠正这一变革。

在这个过程中,推动和抑制是相辅相成的。如果仅仅存在抑制,传媒只是一味稳定、稳定、再稳定,那么传媒发展对社会大系统演化作出的贡献也就成为不可能。而如果仅仅有推动,传媒的稳定存在也是不可思议。推动和抑制相辅相成、相互转化,形成了传媒的自发调节机制,使得传媒在社会大系统内有机的、多层次的联系之网,构成了传媒所在的社会大系统存在和演化相统一的辩证法。

第三节　社会转型与媒体汇流

一、社会转型涵义、内容和特征

"物质生活的生产方式制约着整个社会生活、政治生活和精神生活的过程。不是人们的意识决定人们的存在,相反,是人们的社会存在决定人们的意识。社会的物质生产力发展到一定阶段,便同它们一直在其中活动的现存生产关系或财产关系发生矛盾。于是,这些关系便由生产力的发展形式变成生产力的桎梏。那时社会革命的时代就到来了。随着经济基础的变更,全部庞大的上层建筑也或慢或快地发生变革。"①这段经典论述是我们理解社会转型之所以发生的关键,即存在决定意识、经济基础决定上层建筑,社会转型是社会进化至一定程度的必然过程。

转型,是指事物从一种运动形式向另一种运动形式的过渡过程。社会转型,是指社会从一种类型向另一种类型转变的过渡过程。在社会学研究中,对社会有不同的分类方式:马克思主

①　马克思.政治经济学批判(导言)[C].马克思恩格斯选集.第2卷.北京:人民出版社,1995:32—33.

义者以生产关系,尤其是所有制为标准,将人类社会划分为原始社会、奴隶社会、封建社会、资本主义社会、社会主义社会与共产主义社会;美国社会学家丹尼尔·贝尔以生产力为标准,将人类社会分为前工业社会、工业社会和后工业社会;法国政治学家托克维尔以社会政治民主为标准,将人类社会分为专制型社会和民主型社会,等等。

在西方早期社会学家的社会发展理论中,将社会一分为二,即划分成对应的两极。1962 年美国社会学家丹尼尔·贝尔提出"后工业社会"论说。"后工业社会"指工业化以后的社会,其突出特点是智力、技术和科学在社会变革中具有决定性作用,将对决策产生重大影响;工业化以后的社会已经从产品生产的社会转变成服务性的社会。贝尔认为,美国社会经历了从前工业社会到工业社会,再到后工业社会这样三个发展阶段。这三个阶段有着明显的区别。前工业社会生产率低下,是一场"人与大自然的争斗";工业社会利用能源将自然环境转化为技术环境,其中心则是人与机器的关系,是一场"人与人为自然的争斗";后工业社会出现了以信息为基础的"智力技术",对科学活动以及从事科学活动的机构进行组织、管理是它的首要任务,这个社会是一场"人与人之间的争斗"。贝尔预测,一旦步入后工业社会,便会回到政治哲学的根本问题上。也就是说,实现了物质极大丰富的工业社会,会带来诸多多元性问题。为了解决这些问题,政治的作用将越来越大。于是,在通过非人格性的"市场"形成的社会关系中无法解决问题,从而不得不在人与人的相互接触中去摸索未来。与丹尼尔·贝尔类似,日本学者柳卓忠夫在《论信息产业》一文中,也用阶段发展理论去解释国民经济产业发展史和未来发展趋势,说明信息产业是高度发达并在社会经济系统中占主导地位的一种社会现象。他将"社会信息化"定义为：从有形的物质产品创造价值的社会向无形的信息创造价值的社会阶段转变过程，即指从工业经济向信息经济、从工业社会向信息社会演进的动态过程。

本书认为，关于社会转型的各种涵义，从不同的视角都有其合理性。而本书论述社会转型，是为传媒经济学的研究作为理论支撑。因此，在本文中使用的社会转型，其涵义应该更多地考虑生产力标准衡量，即从"前工业社会"向"工业社会"的转型，以及"工业社会"向"后工业社会"的转型。"前工业社会""工业社会""后工业社会"，至少存在如下方面的区别：一是社会经济基础不同。一般来说，"前工业社会"以自然经济为基础；"工业社会"以商品经济为基础；"后工业社会"以服务经济为基础。二是社会的基础产业不同。"前工业社会"的基础产业是农业，绝大部分人口从事农业生产；"工业社会"的基础产业是工业以及在此基础上发展起来的现代商业和服务业，第二、三产业的就业人口达到甚至超过了农业；"后工业社会"第三产业的就业人口将大大超过农业，也高于第二产业。三是社会劳动方式不同。"前工业社会"因技术设备简陋，主要是手工劳动；"工业社会"因工业发明和科技进步而主要是机械化乃至自动化生产；"后工业社会"因数字技术为基础的电脑、网络等出现，而出现智能化、网络化的生产特点。四是社会分工和社会分化程度不同。"前工业社会"只有简单地按照年龄和性别等自然特征进行的劳动分工，社会分化和专业化程度很低，社会的同质程度较高；"工业社会"有了复杂的劳动分工，社会组织的结构与功能随之高度分化和专门化，社会的异质程度较高；"后工业社会"在社会高度分化的基础上，因科技的发展，出现了若干社会分工重新融合的特点，社会在高度异质性的同时，围绕新的特征，重新发生了新的同质性。五是社会主要组织形式和社会关系不同。"前工业社会"的主要组织形式和社会关系是家庭组织和血缘关系，家庭担负着生育、生产、消费、教育、赡养、抚养及娱乐等多方面的功能；"工业社会"的主要组织形式和社会关系是职业组织和业缘关系；"后工业社会"的主要组织形式和社会关系，是在高度发达的网络，以及重新融合的社会组织基础上形成的新群体组织和新社会群体关系。六是社会活动的主要场所不同。"前工业社会"的主要场所是乡村社区；"工业社会"的城市化使人类的活动场所主要集中在城市社区；"后工业社会"的主要场所是通过电子介质联系的虚拟社区。七是社会开放程度不同。"前工业社会"因以自给自足的自然经济为基础而具有较强的封闭性；"工业社会"因其建立在社会化大生产和商品流通乃至市场经济的基础之上而是一个高度开放的社会；"后工业社会"则因为新群体组织的出现，而在某种程度上具有更高层次的"封闭性"。八是社会管理的权威基础和主要方式不同。"前工业社会"社会管理是以传统权威为基础的"权能行政"，家长制管理是主要管理方式，通过政治与行政管理高度的结合，权力集中在作为政府的皇帝和衙门中；"工业社会"社会管理是以法理权威为基础的"技能行政"，适应大机器生产的需要，处于执行层面的行政组织按照"金字塔"式的科层制建构；"后工业社会"随着知识经济时代的到来，管理将面临着从"技能行政"到"智能行政"的深刻转变，以现代知识管理和电子政务为载体，主动适应知识经济生产方式的人本主义行政管理，结构扁平化、权力分散化的管理建构，将是社会管理发展的趋势。

关于社会转型的内容，至少可以概括为如下方面：一是经济层面的转型。比如"前工业社会"向"工业社会"的经济层面转型，主要表现为工业化和市场化。二是社会层面的转型。这里所说的"社会层面"是狭义的，是相对于经济、政治、文化、思想层面而言的社会层面。比如"前工业社会"向"工业社会"的社会层面转型，主要表现为都市化。三是政治层面的转型，主要表现为民主化。政治民主化程度的高低与社会转型或社会现代化程度的高低是成正比的。四是文化层面的转型。如"前工业社会"到"工业社会"的文化层面转型，表现为"文化世俗化"过程，即从信奉彼岸世界的异己力量到相信此岸世界的自身力量，并对新事物新思想采取开放的态度。五是观念层面的转型。"前工业社会"向"工业社会"的观念层面转型，主要表现为理性化。六是组织层面的转型。"前工业社会"向"工业社会"的组织层面转型，主要表现为科层化，以代替家长制组织管理方式。

无论从"前工业社会"到"工业社会"，还是从"工业社会"到"后工业社会"，社会转型的方式都表现为渐进性、整体性的发展过程。社会转型的渐进性，是指社会的转型不是一蹴而就，必然是由"外生—内生"，由"表层—里层"，由"名义—实际"的过程。

二、从社会转型到受众转型

人组成了社会，而社会又在涵化着生活于其中的人。人与社会存在某种对应关系：社会的发展阶段和生活在其中的人的属性保持一致。两者中的任何一个都不会独自超过对方向前发展。所以，"前工业社会""工业社会""后工业社会"的人们具有完全不同的属性，作为受众的他们处于不断变革震荡中。

(一)群体型受众

在"前工业社会"，自然界巨大的不确定性一直威胁着人类的生存。单一个体的人,没有能力应付生存危机,必须依靠群体力量才能生存下去;群体在为个人提供生存保证的同时,必须保证群体的凝聚力,不允许个体自由发展。

这种群体的形成有两种基本方式:一是先天的。个人从出生时起,就获得了属于自己的群体身份,如在"前工业社会"中的家庭、家族、村社。这种群体身份是无法选择的,从出生起几乎将注定伴随他们一生。二是后天的。这种身份基于"前工业社会"较为落后的生产方式和生活方式,如地缘等,包括农村的生产单元(农场、公社)。虽然身份具有一定的可选择性,但选择的空间较小,且一旦选定,第二次选择的机会更加微小。

"前工业社会"里,存在着各种各样不同的群体。这些群体之间的异质度很高,相互交流很少。群体内部保持了极高的有机化程度和协作能力,这一点与现代意义上的组织类似,但这种有机化是建立在牺牲个体个性基础上而实现的群体凝聚力。"前工业社会"中,受众很少是以个体,而是以群体形式出现。

受众接受的信息有两种,一是提供"社会—情感"认同,提供审美满足和情感家园的"满足型信息";二是提供事务性帮助和参考的"手段型信息"。在"满足型信息"的接受上,"前工业社会"的群体具有群体同化作用,即个体如果想通过群体认同而获得归属感,必须与群体的多数成员保持基本一致的兴趣主题和谈话方式。因此,在"群体型受众"那里,群体兴趣压制了个体兴趣,甚至代替了个体兴趣。"手段型信息"的接受上,"前工业社会"的社会交往方式主要是群体与群体之间的交往,即使作为个体的存在,在与外界交往中也往往被视为群体的代表。因此,"手段型信息"是否被接受,也取决于群体的需要。

(二)大众型受众

　　"工业社会"具有与"前工业社会"完全不同的社会组织方式，通过具有扩张功能的市场化，将与市场规则相悖的一切打碎，包括"前工业社会"的群体存在。当然，这并不是说"工业社会"没有群体，而是从信息传播的意义上讲，"工业社会"的群体已经不能决定受众的性质了。

　　"前工业社会"中，工作与娱乐是融合的，人们在手工生产的过程中享受着生产的快乐。"工业社会"的机械化生产体制，细化了每一个生产细节。这种理性设计、分工明确的流水线，使个体的工作和娱乐完全分开，成为流水线上的一枚枚"螺丝钉"。人们在制造理性化生产机制的同时，迫使自己必须接受这样理性化的生产方式。如此，从农业的各个群体分流出来的劳动力被打散重新编排，附着于各个生产环节，接受"工业社会"的行为规范和市场法则。这些个体，虽然仍然有自己归属的群体，比如家庭、朋友圈子、社区等，但这些群体较"前工业社会"的群体，明显缺乏约束力，既对个体没有强制力，也不能对他们提供信息过滤，无法影响他们接受特定的信息。

　　在"工业社会"，"前工业社会"的群体被打破，个人从群体的强制束缚中被解放出来。随之而来的问题是，群体作为个体与社会间的缓冲不复存在。失去依托的个体，不得不直面社会。"大众型受众"具有易感性。市场化的工业体制孕育了工业化的大众传媒，强大的力量能够轻易将毫无屏蔽的个体感染；"大众型受众"还具有同质性，个体的个性易被大众传媒抹杀，接受习惯趋于同质化。

（三）新群体型受众

　　丹尼尔·贝尔认为："后工业社会"的中心是服务，而服务的首要目标是处理人际关系。"一言以蔽之，它的模式就是科学知识、高等教育和团体组织合成的世界——其中的原则是合作和互惠，而不是协调和等级。"①

"前工业社会"的群体归属，以血缘、地缘为纽带，以强制力维系。一旦隶属的群体确定，个体很难更改，也没有可选择性。"后工业社会"的群体完全不同，群体是个体选择的结果，虽然不具有对违规者暴力惩戒的功能，但内部有很强的有机性。这种有机性不同于"前工业社会"的群体，是一种主动的有机性，源自人本身的主观能动性。在这种不断流动的非强制约束的社会群体中，个体基于兴趣聚合，并在群体中主动分享、传播信息。群体中的"满足型信息"，如互联网论坛、QQ群、微信群等，较大众传播的信息更有精确指向，成为群体内个体的主要依赖；而对于"手段型信息"，个体往往通过与工作相关的群体获得。

三、从受众转型到媒体汇流

(一)媒体汇流(Media Convergence)

Convergence 的汉语翻译通常来说有四种：汇流，融合，聚合，整合。根据《现代汉语词典》的释义，汇流主要指水流或人潮的会合。根据牛津英文词典的注解，Convergence 一词最早源于科学领域，如 1713 年英国科学家威廉·德汉（William Derham）谈到光线的汇聚或发散（convergences and divergences of the rays）。随后，该词被逐渐运用于气象学、数学、进化生物学、政治学和经济学等学科。

Convergence 一词与大众传播真正意义上的联姻源于 20 世

---

① 丹尼尔·贝尔. 资本主义文化矛盾[M]. 赵一凡等，译. 北京：三联书店，1986：198-199.

纪 70 年代中期计算机和网络的发展。法悖（Farber）和巴冉（Baran）于 1977 年发表了"计算和通讯系统的聚合"（the convergence of computing and telecommunication systems）一文；麻省理工学院的尼古拉·尼葛洛庞蒂（Nicolas Negroponte）则于 1978 年用一个图例演示了三个相互交叉的圆环趋于重叠的聚合过程，这三个圆环分别代表计算机工业、出版印刷工业和广播电影工业，提出了不同工业即将和正在趋于融合这一远见卓识。随后，新闻传播界愈来愈多的思想家意识到科技发展对于新闻媒体的影响。例如，哥伦比亚广播公司主席威廉·帕雷（William Paley）在 1980 年广播界年会上发表讲演，重点论述了新闻信息传播机制的汇流（the convergence of delivery mechanisms for news and information）给业界所带来的新挑战。

到底是谁最先将 convergence 一词用于传播科技相关领域实难考究，但美国传播学者伊契尔·索勒·普尔（Ithiel De Sola Pool）对于该词在新闻传播领域的推广功不可没。在其 1983 年《自由的科技》（The Technologies of Freedom）中，普尔提出了"传播形态聚合"（the convergence of modes），认为：数码电子科技的发展是导致历来泾渭分明的传播形态聚合的原因。1994 年《纽约时报》报道"圣荷西水星报（San Jose Mercury News）"与美国在线（AOL）共同推出名为《水星中心新闻》（Mercury Center News）的电子报服务时，用了一个小标题："一次媒体聚合"（A Media Convergence）。20 世纪 90 年代初，通信、消费电子产品、媒体和计算机还可以作为独立的产业存在，通过不同的传播方式提供不同的服务；但是，随着计算机数字技术而发展起来的数字化融合不仅改变了大众传媒获得信息的时间、空间及其成本，更主要的是为电信业、出版业和广播电视业的产业融合提供了重要的技术支持。对此，葛林斯丁（Greenstein）和迦拿（Khanna）将汇流定义为"为了适应产业增长而发生的产业边界的模糊或消失"。当美国在线和时代华纳与 2000 年初宣布历史性合并之际，convergence 一词已经成了电子信息传播中的常用语了。

因此，我们可以得出结论：媒体汇流是"不同媒体的分支在同一个点上形成汇聚，朝同一个方向运行的过程"。这里面显然包括了两个前后紧密连接的动态过程：一是各种不同的媒体分支形成；二是在同一个点上汇聚并流动。尽管汇流（Convergence）一词用于新闻传播领域是由于媒体科技的发展，但在新闻传播学上汇流具有远远超过媒体科技所带来的多种涵义。美国西北大学麦迪尔新闻学院教授李奇·高登（Rich Gordon）对不同传播语境下该词所表达的涵义作了如下分类：

1. 媒体科技融合（Convergence in Media Technology）

虽然科技完全融合的时代还未到来，但普尔提出的传播形态融合的理念使我们看到了未来媒体科技发展的图景：传媒机构的数字化传播内容管理体系的创建和广泛使用，可以相对容易地将各种数字形式传送到不同的传播平台。例如，数字电视现在已经和手机等其他电子设备共享了同一套操作系统，通过接入互联网和安装应用程序，既可以接收和储存数字化内容，也可以让观众与荧屏上的内容互动，一度被抛弃的数字电视逐渐恢复家庭的信息枢纽地位，并承担着联通家庭物联网设备的重要功能，如 2019 年华为推出的"智慧屏"。而手机性能以及移动网络服务的提升，则逐渐承担起电脑的功能，不仅可以摄像、通话，还可以通过手机办公、娱乐，大量的碎片化信息在手机的 APP 和小程序中传播、流动。可以说，媒体科技的融合是新闻传播领域一切汇流的基础。

2. 媒体所有权合并（Convergence of Ownership）

当今传媒集团最高层次的融合，是指媒体所有权的集中，维亚康姆公司（Viacom）、迪斯尼（Disney）、维旺迪集团全球出版公司（Vivendi Universal）和美国在线时代华纳（AOL Time Warner）常常被人们誉为全球经济环境下媒体所有权合并的典型案例。然而，媒体所有权合并引起了许多传媒批评家的关注。本·巴格迪肯（Ben Bagdikian）在其1983年第一版《媒体垄断》（The Media Monopoly）中就预测到：一些传媒公司将控制绝大多数普通美国人所读、所听和所见。他担忧这种所有权的集中和对内容的控制会压制社会上不同声音，从而导致新闻传播不能全面而准确地描绘社会现实。

对媒体所有权集中的忧虑使美国联邦通讯委员会（Federal Communications Commission）于1970年通过了《广播/电视跨媒体所有权限制令》（Radio/TV Cross-Ownership Restriction），1975年通过了《报纸/广播电视跨媒体所有权禁令》（Newspaper/Broadcast Cross-Ownership Prohibition），不允许一家媒体公司在同一城市中同时拥有广电媒体和报刊，并对同时拥有广播电视媒体的范围做了限制。但是，随着时间的推移，媒体所有权的合并兴趣和发展趋势在业界有增无减。诚如论坛报（Tribune Co.）出版集团总裁杰克·富勒（Jack Fuller）所说：在同一市场拥有电视、电台和报纸可以降低成本，增加效益，提供更优质的新闻。由于信息传播科技、特别是网络传播等新兴传播方式的发展，过去对传媒所有权的限制规定已经过时，不能适应当前传媒市场的现实需要。有鉴于此，1996年美国修正并通过了新的电信法，解除了对传播产业跨业经营的限制，以开放竞争的方式，让传播业者跨行业经营其他种类的传播媒体，以因应新科技所带来的新的传播环境。传媒公司之间通过收购、合并等手段，进行产权、营运、产品上的整合，形成规模庞大的多媒体集团，从事具有规模效益的多媒体业务。这样，报纸、电视台、电台、电影和互联网站的生产作业得以打破彼此的界限进行互动性融合，进而达致资源共享并衍生出不同形式的信息产品，然后互相推动、促销、造势，通过不同的平台传播给受众，从而取得事半功倍的经济效益。

3. 媒体战术性联合(Convergence of Media Tactics)

战术性联合并不需要媒体所有权合并，通常是指在不同所有制下电视、报纸、电影、网络等媒体之间在内容和营销领域的通力合作。媒体共生理论(Media Symbiosis)已经告诉人们：媒体之间只有相互依靠才能共生共荣。这种依存关系一如电影与电视、唱片与广播之关系一样。

媒体战术性合作的初衷是为了推销各自的传媒产品，例如，报纸与电视的合作者们就相信：交叉助销可以驱使报纸的读者去看电视、电视观众去读报纸；电视观众可以知道明天报纸上的新闻故事，而报纸的读者又可从天气版上看到电视台的最新天气预报；报纸记者能让电视记者在现场播报新闻时提供更详细、更深入的信息；电视记者携带照相机，而报纸摄影记者携带数码摄录机。对于一次剪彩仪式，报纸只要一张照片而电视台只要20余秒的录像的话，就完全没有必要派出两位摄影师了。

4. 媒体组织结构性融合(Structural Convergence of Media Organization)

随着媒体科技的融合及媒体所有权的合并，传媒从业人员的工作职责和媒体组织结构也会随之发生变化。例如，当《奥兰多前哨报(Orlando Sentinel)》与时代华纳有线电视合作开设一个 24 小时本地新闻频道时,他们组建了一支多媒体编辑队伍,这群编辑大多数都具有广播背景,他们在两个新闻编辑部之间进行协调,与文字记者沟通,将报纸内容变换成电视新闻。这便是媒体因应需要而进行的组织结构性融合。

在这方面,真正落实媒体组织结构性融合理念的是佛罗里达州坦帕市的"媒体综合集团"(Media General)。该集团将它旗下的报纸(坦帕论坛报,Tampa Tribune)、电视台(WFLA-TV)和互联网站(坦帕湾网站,Tampa Bay Online)全部集中在同一个建筑物中,同一屋檐下,同一新闻室中,各种媒体的采访人员互相配合、协调,合作采访新闻,甚至由同一名记者同时采访报纸和电视新闻以及电子版的实时新闻,同样的信息通过不同的形式,包装成适合不同媒体的产品,扩大了市场,节省了成本,获取了较大的效益。

5. 新闻采访技能融合(Convergence of Information Gathering)

新闻记者谈论媒体融合时,焦点总是集中在将来是否需要每一位记者使用不同的采访工具进行新闻报道。比如,报纸记者是否会扛着笨重的摄像机和录音设备四处奔波? 为此,哥伦比亚大学的工程师们已经开发了一种可以背的移动工作站,以便记者能采集多种形式的内容。2002 年,"背囊记者"(backpack journalist)的概念首次被简·埃伦·斯蒂文斯(Jane Ellen Stevens)在网络新闻学评论网站(Online Journalism Review)上提出,引起很大反响。斯蒂文斯宣称自己就是一位背囊新闻记者。她是一家报社的记者,同时也是电视台和网站的摄影记者。"现在你能想象聘请一位不懂计算机的记者吗? 十年后,你同样不能想象聘请一位不能跨媒体工作的记者。"而 MSNBC 网站的普雷斯顿·门登霍尔(Preston Mendenhall)更是背囊记者的典型。他历时半月,横穿阿富汗,发回了大量的文字稿件、静态照片、录音录像等,在广播和网站播出。

(二)受众需求变化是媒体汇流的动因

受众需求是一切媒体传播的逻辑起点。媒体生产文化商品,毫无疑问需要了解消费者(受众)的需求,无论是在研发、设计,还是生产、销售等环节,都需要以消费者的需求为一切市场行为的依归。受众需求应该成为媒体传播活动的逻辑起点,否则媒体参与市场的行为无疑带有很强的盲目性。

随着社会的转型,受众结构也在动态变化中,其知识结构、年龄结构、阅读偏好等都不是一成不变的。身处信息爆炸的时代,受众的需求也在不断提升。一方面,他们不但需要获取新闻事实,以及事实背后的"为什么""怎么样";另一方面,在高节奏的生活状态下,受众真正能够用于阅读的时间十分有限,需要媒体为其精选信息,通过梳理、分类、整合、解读等方式让他们能在更短的时间内得到尽量多的有效信息。其三,随着新媒体的传播技术手段的发展,受众对媒体的新的需求也在不断产生。如果需求没有得到满足,受众必定会另寻他途。前文已述,受众需求是在不断解构与重构中,因此媒体汇流也将不断随之出现。

从"前工业社会"的群体型受众到"工业社会"的大众型受众,从"工业社会"的大众型受众到"后工业社会"新群体型受众,受众的原有结构不断解散,并重新组成新的结构。因此,受众的解构重构便成为媒体汇流(media convergence)的逻辑起点。TOM 集团原行政总裁王㷫先生认为媒体汇流是大势所趋,随着经济与科技的发展,各方面延展了媒体汇流的步伐和触角。王犹先生从市场的角度提出"部分价值大于整体"（part value is bigger than the whole）的论断，认为人们生活节奏越来越快，大家未必有时间完整地欣赏一部电影或者一盘专辑，要的可能只是片断而已。因此，内容的筛选和整合才是制胜关键。数字时代"信息太多、时间太少"，新科技之所以成为人们生活的重心仅在于它能够延伸人类感官功能，优化生活体验。消费者关心的是使用经验的改善，而不是科技的更新。

"前工业社会"传媒资源匮乏，媒体凭借自身对渠道的掌控，很容易拥有受众的关注，以极低的成本轻易获得高额的政治、经济回报。因此传媒功能泛化，对受众这个"终端"重视程度有限，不瞄准特定的对象性人群和对象性需要，生产的信息内容对目标受众没有精确分析量化，也不需要"个性化"的针对特定受众的精确"卖点"。印刷术发明之前，文字在相当程度上延伸了信息存在的时间和空间，促进了人类的智力发展，而印刷术使信息在一定程度上具备了向社会下层转移的可能，纸张成为"前工业社会"的信息载体。"工业社会"急剧扩大的社会规模、生产的社会化，使人与人之间的联系与依赖加强了，不断造成大众型受众对新闻的广泛、及时、大量的需求，起初是经济新闻，继而是法政新闻，接着是社会新闻和文化、科技、体育、娱乐等新闻。在"前工业社会"那种狭小的新闻传播活动规模和迟缓的传播速度，再不能适应新的变化和新的需求。人口的集中，大城市的出现，各类学校的兴起，使原有的受众结构解散，并在都市中重新组合成新的大众型结构，加上交通、通讯、邮递、印刷和造纸业的迅速发展，为媒体汇流提供了完备的客观物质基础。19 世纪的电报、电话、电影到 20 世纪的广播、电视，电子传媒成为人们生活的一部分，无形中极大改变了社会结构，成为"工业社会"的信息载体。

"后工业社会"中，新群体型受众从大众型受众中解构而出。虽然大众媒体对于"新群体型受众"也能产生影响，但这种影响力必须通过各种新群体的过滤。如此，使依托于大众型受众的大众媒体不得不也跟着"解构"，然后去完成另一次"汇流"。

第二章　中国社会变迁与媒体分化

　　1978 年中国改革开放以来,在以下几个方面的变化是显而易见的:从一元的社会走向多元的社会,从平均主义的社会走向分化的差别的社会,从官本位的社会走向市场化的社会,从身份的社会走向契约的社会。在这诸多的变化中,一个最重要最明显的变化,是中国社会已经从高整合低分化的社会,转向一个分化程度不断提高、专业性增强的社会。这里所说的分化(differentiation),是一个社会学的概念,它包含了多方面的复杂意义,其间最核心的是指社会构成从过去那种浑整不分的状态,转向一个区分逐渐增大的状态,一个较突出的标志就是政治、经济和文化,乃至媒体的分化。

　　社会的进步和发展,实际上就是一个不断分化的过程。前工业社会相当程度上是一个高度整合的社会,它向工业社会的过渡,一个基本标志就是社会的各个方面彼此分化,各个社会子系统开始具有并不断发展出自己的相对的自律性。换言之,现代性的过程,就是一个不断专业化的过程。在德国社会学家韦伯看来,社会不同领域的分化及其自律性的获得,乃是一个合法化的证明问题。在前工业社会中,这种证明有赖于某种"元叙述",比如理性、自然或神,等等。而分化现象的一个重要标志在于,各个不同的领域逐渐发展出各自用以证明自身合法化的规则和标准。另一位德国社会学家哈贝马斯也指出,文化的现代性和社会的现代化是同一过程的两个不同侧面,自始至终伴随着一个持续的分化过程。自文艺复兴以来,特别是到了启蒙哲学和理性主义,分化已经十分明显,理论的、伦理的和审美的三个领域逐渐区分开来,各自依循不同的规则。法国社会学家布尔迪厄继承了韦伯的传统,他发现,从传统社会向现代社会过渡的一个重要标志,就是他所说的各个"场"的自律性加强。在传统社会中,权力关系是无中介的直接交换关系,它决定着身份地位、文化价值和定位等。然而,随着社会的发展进步,各个"场"必然会出现不同程度的自律性。在他看来,一个"场"的自律程度越高,其生产为社会(权力)领域中的其他生产者而非消费者的程度就越高。在比较的意义上说,自律性程度最高的是科学场。其次是学术场和艺术场,前者的自律性体现为与权力的脱离,而后者的自律性则反映为与消费者的分离。自律性较低的是法律场,而最少自律性的则是政治场,因为它和权力关系纠结在一起。德国社会学家奥菲以另一个术语"结构差异"来加以描述。他指出,现代社会作为一个不断分化的过程,首先体现在家庭生活和工作场所的分离。现代社会发展的标志之一,就在于两者的分离。由于这个基本的分离,进一步导致了一系列的分离:教会和国家的分离,法律和道德的分离,国家与市民社会的分离,劳动力的分工,等等。

　　中国的现代化过程同样映现了这样的分化过程。改革开放前,中国的社会是高度整合的中心化社会,最显著的特征就是它的一元性和政治性。政治、经济和文化高度地强制性地统一在一起,诸如国家和社会的一体化,经济体制上的国有化和计划性,意识形态的一元化,高度的政治动员等;组织上的单位制和行政体系,把社会成员全都纳入巨大的系统之中,减少了个体的行为和独立性。这种高度的整合性和总体性,是借助于体制上的中心化、资源上的垄断、社会的广泛政治动员以及自我封闭等方式实现的。各个亚系统或者"场"的自律性都不存在,意识形态的考虑具有压倒一切的至上性。各个"场"都直接从属于政治(一个"超级场")。无论是自然科学,还是其他学术,或是文学艺术,或是司法体制,都不存在与政治系统任何的间离和自律。而经济和文化系统失去了自我调整机能,这就形成了各亚系统自身功能的丧失。

美国政治学家拉斯韦尔在其 1948 年发表的《传播在社会中的结构与功能》一文中,最早以建立模式的方法对人类社会的传播活动进行了分析,"传播者→讯息→媒介→受众→效果"的"5W"模式,界定了传播学的研究范围和基本内容。其实从进化理论的视角看,从"5W"模式反向推理,可以得到另一个完全不同的逻辑,即:社会转型导致社会人(受众)的变化,而受众变化的需要,又引起传媒产品的转型,继而带动媒体的转型。

关于我国社会转型问题,自 1992 年李培林在《"另一只看不见的手":社会结构转型》一文中提出后,学界对此进行了持续深入地研究。关于社会转型,是指社会结构和社会运行机制从一种形式向另一种形式转换的过程,它具体地表现为社会结构、社会运行机制以及价值观念等方面的转换。本书认为,中国社会转型的内容,一是在社会的生产和生产力层次上,集中地表现在经济增长方式由粗放型向集约型转变;二是在社会经济关系、经济形态、经济体制层次上,集中地表现在由计划经济体制向社会主义市场经济体制转变;三是在上层建筑层次上,集中地表现在由高度集权的传统政治体制向民主政治体制转变;四是在思想文化的层次上,集中地表现在反映自然半自然经济和计划经济体制的精神文化向反映市场经济的现代精神文化转变。

当代中国社会转型的实质就是如何完成经济、政治和思想文化等领域全面性的社会变革,由传统农业社会向现代工业社会、传统计划经济体制向社会主义市场经济体制、封闭型社会向开放型社会转变的社会变迁,进而向后工业社会发展的"中国式"现代化。

第一节　中国社会两次转型

近四十年,随着中国社会的转型与变迁,特别是市场经济为基本导向的经济改革的不断深入,中国政治文化的变迁呈现出从依附走向独立,从单维转向多维,从封闭转向开放,从情绪化走向法理化等一系列特征。在这同时,受众接受行为、方式等也呈现出明显的转型。

一、第一次社会转型

1978 年,是中国社会转型的发端。1978 年以前,经济领域和社会领域则处于政治领域的严格控制之下,几乎没什么自主性。政治领域垄断了整个社会的权力,整个社会高度政治化。这在"文革"期间达到了登峰造极的程度。在社会领域也不例外,政治控制直指家庭生活和个人的内心世界,社会群体极少允许个性的自由发展,通过政治群体内的严格要求来保证群体中个人的生存。1978 年之后,这种状态开始解构。

(一)经济领域的变革

1978 年之前,中国的经济为典型的单一公有制和计划经济体制;1978 年"三中全会"以后,中国首先从农业打破旧的体制,由集体生产过渡到"联产承包责任制",解放了农村的生产力,并使农民有了择业和流动的自由。1978 年,中国粮食产量约为 3000 亿公斤。到 1984 年,粮食就增加到 4000 亿公斤。同时,农业总产值增长 68%,农民人均收入增长 166%。紧接着,劳动力从公社制度下解放出来,乡镇企业大发展,加之外资企业、私人企业形成一大块非国有经济,矫正公有制经济形式过于单一化的弱点,并为农民收入增长开辟了新的巨大的来源。改革开放的第一个阶段完成后,我国解决了"无农不稳"的问题。1984 年,工业改革提上日程,改革从农村转入城市,准备引入市场调节。核心问题是价格体系,即由国家定价制度改变成由市场形成价格的制度。稳定第一产业,推动第二、三产业,使劳动力资源尽快从传统的、低效的农业转移到现代工业,推进城市化进程。15 年间,GDP、就业人数,第一产业(农业)所占比重明显下降。人均 GDP 低的农业向人均 GDP 高的二、三产业转移了 6.3 个百分点。

年份	国内生产总值 (总量 100)			就业人员构成 (总量 100)			就业者人均国内 生产总值(元)		
	一产	二产	三产	一产	二产	三产	一产	二产	三产
1978	28.1	48.2	23.7	70.5	17.3	12.2	359.6	2512.9	1759.7
1992	21.8	43.9	34.3	58.5	21.7	19.8	1512.4	8224.0	7041.1

(二)政治领域的变革

我国 1978 年以来所展现的政治体制改革的总目标,总体上是解决权力过分集中的问题。围绕这个中心问题所实施的改革与完善主要在三个层次上进行:一是党政关系;二是中央与地方关系;三是国家与社会关系。1978 年之前,社会消融在国家之中,国家通过常规的(计划经济制度和政治组织网络)和非常规手段(意识形态和群众运动)垄断了对社会资源的分配权,国家提取社会资源的能力空前强大。但是,1978年之后,这种能力在逐渐削弱。由于市场经济的导入,中国社会从内部生长出的要求共享社会资源的诉求,对国家原有的提取社会资源的常规与非常规手段都不同程度地提出了挑战。

(三)文化领域的变革

十一届三中全会之前,中国思想文化界极"左"倾向明显,思想僵化、创作停滞。1978年5月11日,《光明日报》发表评论员文章《实践是检验真理的唯一标准》,解放思想成为思想界、文化界的主流声音。随后,"百花齐放、百家争鸣"成为思想、文学、艺术等领域的显著特征。

二、第二次社会转型

(一)经济领域的变革

如果说1992年之前,中国的经济改革是"摸着石头过河"的话,1992年则明确了要建设"社会主义市场经济"。证券市场、股票交易的出现,就是资本市场在中国的存在。证券市场交易的是量化的、价值化的、可以被拆细的、可以连续交易的企业资产,这就为产权结构出现革命性变化提供了可能。1993年开始的控制通货膨胀,是行政手段和经济手段一起使用的,并提出了"经济软着陆"的概念。这个时期,商品普遍"供不应求"、经济快速发展,大量私营企业开始显现,在地位上迅速取代乡镇企业。这是扩张第二产业、发展第三产业,实体经济大发展的时期。1992年后的10年间,农业所占GDP、就业人数进一步降低。人均GDP低的农业向人均GDP高的二、三产业转移了6.6个百分点。1992年春节,邓小平同志南方讲话,提出改革"改革开放胆子要大一些、步子再快一些",中国社会开始"跨越式"的快速发展。

年份	国内生产总值 （总量 100）			就业人员构成 （总量 100）			就业者人均国内 生产总值(元)		
	一产	二产	三产	一产	二产	三产	一产	二产	三产
1992	21.8	43.9	34.3	58.5	21.7	19.8	1512.4	8224.0	7041.1
2001	15.2	51.1	33.6	50.0	22.3	27.7	4001.3	30133.3	15945.4

(二)政治领域的变革

从政治形态而言,随着市场社会的基本确立,国家在执政理念上照顾和体现民意。1992 年市场经济改革的全面推开,中国的社会结构发生了重大的变化,出现了中产阶层,在经济收入、社会地位和资源占有以及与国家沟通能力上,能力更为突出。1992 年邓小平同志南方讲话,标志着中国改革进入了新的阶段,1992 年 10 月召开的党的十四大确立了社会主义市场经济的改革方向,中国改革进入新的改革时期。

(三)文化领域的变革

随着市场经济在 1992 年后的跳跃式发展,通俗文化迅速崛起。以普通大众为受众的各种文学作品、影视作品、新闻产品等文化产品大量涌现。在 20 世纪末,随着网络的发展,中国与世界一道步入信息化社会。海量信息、知识共享、公平竞争等成为新的社会特征。

第二节　改革开放前 20 年媒体分化

中国传媒的第一次分化,发生在上世纪 70 年代末—90 年末。在 70 年代末期,传媒业属于国有,不是一个营利产业,而只是一种社会政治表达工具和教育引导工具，国家可以根据各级政府及其各部门、各人民团体和其他公民团体的需要，将传媒分配给它们使用。传媒资产的使用者（受托人）只有使用权而没有获益权，即使产生经济利益的话，也应该属于国家。伴随着1978年的改革开放政策，该种传媒类上层建筑的运转模式开始产生质的转变。

一、1978年以后媒体分化

1978年中共十一届三中全会召开后，随着改革开放政策的实行，带来了国家各项事业的快速发展，特别是市场和经济因素在经济活动中的作用重新被肯定，新闻界也萌生了借助市场和经济因素摆脱计划经济条件下单纯靠国家财政维持生计的状况，谋求自身生存和发展的愿望。同时，国家财政也难以承担越来越高昂的传媒运转经费。于是，在1978年底，便出现了人民日报社等首都8家报社联名向财政部要求试行"事业单位，企业化管理"的经营方针的报告。这个报告成了中国传媒业由单一的事业性属性向兼有事业性和产业性双重属性转变的标志性事件。报告的核心内容在于希望政府能够允许传媒按照企业的运作方式，实行企业式的经营和管理。这种管理方式，强调传媒业作为事业单位的性质不变，但可以从事一定的经营活动。财政部很快对报告做出了批复。财政部的批复，不仅为这几家报纸启动了开始企业经营的车轮，而且实际上是向全国打开了传媒企业化经营的一道门缝。随后，一些报纸、广播、电视等媒体先后开始刊播广告，搞自办发行，尝试多种经营，在企业经营的道路上慢慢起步，并且逐渐尝到了甜头——取得了一些经济效益。一些媒体的经营不但获得了利润，而且还上缴了税收，经营收入的一部分用于解决单位内部职工的福利,另一部分则用于自身的进一步发展。"事业单位、企业化管理"政策的实行,是传媒包括报纸从完全的计划运作转向市场运作的重要转折,也在很大程度上给报纸恢复刊登广告创造了条件。以当时发生的两大事件为起点:一是 1978 年《人民日报》等首都八家报社给国家财政部的联名报告,要求实行"事业单位,企业化管理",被视为中国传媒的"市场化"寻求政策认可的第一次尝试。

1978 年 11 月 23 日和 28 日,上海广告装潢公司先后两次向上海市商业局打报告,要求恢复路牌广告。很快,上海广告装潢公司的路牌和橱窗广告发布和代理业务逐渐恢复。1979 年 1 月 25 日,上海电视台向上海市委打报告,请求允许电视台开播商品广告,当天,上海市委宣传部就在电话中同意了上海电视台的请求。1979 年 1 月 28 日,上海《解放日报》在其二版和三版下端刊登了两条通栏广告。这标志着我国重开媒体广告市场,进入多种经营时代,也是中国行政力量逐渐减少对传媒的直接经济投入的重要一步。其后,传媒的经营意识增强,特别是大多数传媒都把广告作为经营的重点。之后,广告收入已经成为绝大多数传媒最主要的经济来源,成为推动传媒市场化、产业化的关键因素。从 1980 年—2004 年的 24 年间,全国广告经营从几乎为零增长到 1264.6 亿元人民币。1978 年的传媒转型,没有改变传媒的"事业性质"。1982 年公布的《中华人民共和国宪法》第二十二条,仍确定传媒的"事业性质":国家发展为人民服务、为社会主义服务的文学艺术事业、新闻广播电视事业、出版发行事业、图书馆博物馆文化馆和其他文化事业,开展群众性的文化活动。但传媒从"事业化"向"企业化",适应了 1978 年以后社会转型的现实需要,以及大众型受众的需求,得到蓬勃发展。到 2002 年

为止,我国出版报纸 2100 多种(是 1978 年的 11 倍),总印数 350
亿份;期刊 8800 多种(是 1978 年的 9 倍),总印张超过 100 亿;图
书品种超过 15 万(是 1978 年的 10 倍)。

　　1982 年起,我国媒体的分化被市场所选择,众多机关报纷纷
模仿,推出"周末报",电台推出"音乐频道"等,成为媒体多样分
化中为当时社会环境选择,并为其他媒体所模仿的组织新形态。
"周末版"起始于 20 世纪 80 年代初期:1981 年 1 月 4 日《中国青
年报》推出了新中国的第一个周末版;1982 年 1 月,《南京日报》
创办《周末》,以介绍文化、体育、历史、地理等知识为主,副刊性
质,四开四版,周六出版,后来大家习惯称它为江苏《周末》。
1984 年 2 月 11 日,《南方周末》创刊,《南方日报》社创办这份综
合性周报来作为《南方日报》的补充,并希望它能既有"南方"的
色彩,又有"周末"的特点。《南方周末》的出版迅速受到读者的
广泛认可和欢迎,同时也成为其他周末版和周末报争相借鉴的
对象。这一年年底,《解放日报》也出了《周末增刊》,每周六随报
附送二开四版,分有"家庭、社会""文化娱乐""体育"等版块。

　　从根本上而言,发生变异的媒体只占我国传统机关报台的
一部分,而且分化度不高,多数是依附于传统机关报台的副刊或
频道,拥有独立刊号、自主经营子媒体的并不多。

二、1992 年以后媒体分化

　　20 世纪 80 年代末 90 年代初,由于改革开放事业的向前推
进,大众的信息需求拉动了晚报等信息量大、服务性强的多种形
态的传媒产品,尤其全国各地晚报风起云涌,红红火火,社会效
益和经济效益陡然增长。晚报的兴旺发达,打破了旧的格局,出
现了新的不平衡。各省级的党委机关报在新的历史条件下步履

艰难。特别是市场经济体制提出之后，报业也逐步地走向市场。各地省报虽然依靠行政手段保持了一定的发行量，但绝大多数受众分布在广大农村和小城镇，在大城市发行量很少。报纸的运行，越来越有赖于广告收入，而广告客户基本上都在大城市里，广告也集中在大城市投放。这样一来，各地的省报广告，远远不及晚报和市报。在这种新的不平衡态势下，省报开始向大城市的报业市场挺进。首先是办晚报，如《新华日报》办了《扬子晚报》，《浙江日报》办了《钱江晚报》等。晚报越办越多，国家新闻出版署认为同一城市办两张晚报不好，所以后来一些省报申办的城市报纸被批准为"都市报"。如《华西都市报》《楚天都市报》《南方都市报》《燕赵都市报》，《三湘都市报》等。都市报的读者为市民，注重信息量、知识性、实用性、服务性，以市民生活为报道重点。其目的，一是为了满足广大城市读者不断增长的信息需求；二是为了争夺大城市的广告市场。各地省报创办的都市报，适应了信息时代市民日益增长的信息需求，符合我国城市人口不断增长的现状，迎合了企业越来越有赖于广告开拓市场的趋势，所以有相当的市场空间。由于都市报定位正确，加上主观上的积极进取、开拓创新，所以基本上是办一个成功一个。如《南方都市报》自 1997 年创刊以来，充分凸显了信息量大，大胆接触和报道现实问题，敏锐捕捉、追踪社会时尚与潮流，有思想深度，贴近生活，可读性强，平易亲民的办报风格和特点。"都市报现象"成为全国新闻界一道亮丽风景线。都市报的成功便是通过地域化、市民化寻求到最具潜力的细分市场，进而找到了自己的发展空间。这之后新一轮的报业市场化变革以报业集团的规模扩张为标志，而这种扩张又是以抢占细分市场的形式表现出来的，其中成熟的案例首推南方报业，它旗下各子报分别占据了国内财经投资类、文化新闻类、生活消费类、体育娱乐类报纸等细分市场的领先者位置。2003年以来的报业市场走势,诸如《东方早报》开办、《南方日报》改版等,更进一步表明报业竞争将在读者目标市场细分上,以差异性定位的形式展开。报业媒体的转型,一方面表现为高度分化,一方面也表现为一定程度的聚合。1996年6月中共中央和国务院联合发布的《关于加快第三产业的决定》中,把报刊经营管理列入第三产业,成为我国报刊进入产业化改革阶段的一个标志,媒体集团化的大门就此敞开了。1996年我国成立第一个报业集团——《广州日报》报业集团。1997年我国没有新的报业集团出现,1998年一年之内组建了南方日报报业集团、羊城晚报报业集团、经济日报报业集团、光明日报报业集团和文汇新民报业集团5家报业集团。

第三节　改革开放后20年媒体分化

中国传媒的第二次重要分化阶段,发生在1998年前后。1998年是Windows98的元年,系统首次将浏览器中的Web页面设计思路引入到计算机操作系统中,其诞生标志着网络信息传播体系已经初具雏形。张朝阳的搜狐公司正式诞生;四通利方宣布并购华渊资讯网,成立了全球最大的华人网站新浪;网易在这一年将自己的定位由软件销售公司转型为门户网站;而当年还名不见经传的腾讯也在改革开放的前沿悄然生根。这四家互联网公司的成立(或转型)标志着中国门户网站时代的开启。

一、1998年以后媒体分化

20世纪中叶以来,以计算机为标志的全世界兴起了信息技术革命。经过半个世纪的发展,人类对信息处理的能力得到了成百万倍的提高。由于信息处理能力的突飞猛进对信息交流和信息传输提出了相应的要求,国际互联网(因特网)诞生了。从上世纪90年代中期开始,网络的规模快速发展,据统计,到1999年底,互联网已接入了185个国家和地区,成为全球最大、最流行的计算机信息网络。全球互联网用户打破了传统的地缘政治、地缘经济、地缘文化的概念,形成虚拟的以信息为主的跨国界、跨文化、跨语言的全新空间。

1995年《中国贸易报》首先触网。它标志着中国的传统媒体第一次与互联网接触。此后,网络如强劲的春风吹遍中国大地。据《新闻出版报》2000年1月4日提供的资料,到1999年底,全国已建立独立域名的新闻宣传单位达700多家。当然在这700多家中,有的只是抢注一个域名而已。据中国社会科学院新闻与传播研究所的调查报告显示:截至1999年6月15日统计的全国报纸的上网总数为273种,占1998年统计的全国报纸总数2053种的13.2%。但是从1999年下半年开始,传统媒体对进入网络表现出异乎寻常的热情,其中包括一些县级媒体也纷纷上网。

以新华社为例:1997年11月7日开通了新华社网站,经过两年多的运行后全面改版,已将新华社网站更名为新华网,接入带宽由原来的2兆提升到独享的100兆,访问速度和传输稳定性明显提高;栏目总数增加15倍,信息量增加5倍,每天适时更新内容100万字。

在经过了2000年互联网寒冬后,除了新浪、搜狐等少数门户巨头外,各网络内容提供商纷纷给出了自己的定位,所涵盖的内容由过去的"多而浅"转化为"专而深",它们不再为了简单增加点击率去传播信息,而是开始注重受众需求市场的作用,出现了专门的游戏网、女性网、旅游网等专业网站以及不可计数的"小众"网站。例如,北京旅游事业管理局和北京市旅游行业协会主办的北京旅游信息网,基于旅游专业网络系统的架构,其功能密切结合旅游行业的特点与需求,在功能上融入了行业管理、企业经营与办公、广告宣传①,最大化满足用户需求。在发现和挖掘细分市场的同时,网络媒介的盈利边界、盈利能力都有所扩大和增强。

随着互联网的进一步发展,其与传统媒体的分化程度进一步加剧,究其关键表征就在于对于传统媒体传播面的颠覆,由过去大众传媒式的"泛播"转向了相对个性化、分众化的"窄播"。互联网作为一种非线性的传播方式,克服了传统媒介在时间、内容和空间等方面对其使用者的强制性,任何网络的使用者都可以在网络平台上发布信息、言论等各种内容进行交流。在新的传播环境中,所有的组织、机构、企业、社会群体或个人,都既是接收者又是传播者,真正实现了"一对一""一对多""多对一""多对多"等个性化传播方式。②

二、2009 年以后媒体分化

伴随着移动网络技术的蓬勃发展,入驻互联网的用户数量在逐年增加,在网络虚拟用户基数达到了一定程度之后,网民的线上与线下生活之间的边界被逐渐模糊,从传统的"网民"逐步

---

① 国内第一家旅游专业网站——北京旅游信息网[J].中国数据通讯网络,1999(Z1):40-41.

② 胡涛,任良.互联网对传统媒介的冲击[J].中国电力教育,2008(S3):315-318.

成为一个"赛博人"。在该种环境之下,具有赛博社会、虚拟生活空间烙印的社交媒体应运而生。

移动社交媒体是在互联网对现实的渗透影响与日俱增的背景下出现的新兴媒体,是人们彼此之间用来分享意见、见解、经验和观点的工具和平台。在这个网络平台上,无数的信息被网络中的节点(人)过滤并传播着。移动社交媒体是一场全新的互联网革命,以2009年新浪微博诞生为标志,它构建了人们在互联网上的关系链条,使之彼此连接、相互交织,形成错综复杂的社交脉络。这种以社会关系为纽带牵连的网络,首先是自我存在,然后是自我表达、自我展示,继而与关系链条上的其他人互动分享,极大地提高了社会关系管理的效率,满足了人们精神层面的需求。移动社交媒体的诞生,极大地推动了互联网从Web1.0向Web2.0的转型进程①,对于媒体而言,这种转型无疑是对传媒人的一次考验,要求自身必须跳脱出传统的工作者主观立场,在内容策划上更亟待进行用户消费倾向评估,去思考媒体内容如何策划才能引发用户的裂变式传播。

在Web2.0时代,用户能够自由地发声,更积极地参与到媒介生产、传播的各个阶段。尽管还有不少冗杂的内容,用户仍能通过自发性的创作介入媒体内容的传播过程,从总体上对媒体的能力提出了更高的要求。传统媒体由于技术和理念的差距,逐步被削弱了话语权和舆论引导的能力。完全市场化的媒体竞争,带来了过度娱乐化、过度消费用户注意力、偏差的价值导向等问题,不利于媒体社会功能的实现。

传统媒体是一种基于大众传播、通过某种媒介为公众发布

---

① ［会议论文］. 李成野-2000. 第四届全国科技传播研讨会

信息、提供内容产品并进行传播渠道运营的媒介组织。传统媒体包括报纸、广播、电视、杂志四大主流媒体,由内容、渠道和商业模式构成。而新兴媒体是基于互联网的技术属性衍生出来的全新媒介形态,从 PC 时代的门户网站到当下移动互联网时代的"两微一端",是一种基于互联网的媒介平台,具有强烈的平台属性。在传媒产业视阈下,媒介平台是一个中间性组织,它集成了传媒产业链中的各个模块,通过超链接把分散的模块动态组合并不断产生交互。这种交互实质上是对社会关系进行挖掘和再次建构,在互联网的情境下,最终实现传媒注意力的聚合和影响力的扩散。

传媒的大变革时代,给传统主流媒体带来了机遇。社交媒体平台的迅速发展,有利于主流媒体"弯道超车"。从世界范围来看,关于媒体融合至今并没有非常成功的样本,融合媒体的盈利模式仍没有定型,传统主流媒体的转型之路依然在探索之中。在未来的融合实践中,谁能精准把握媒体发展趋势,大胆探索、勇于创新,谁就能找到创新的路径、模式,实现"弯道超车",傲立传媒潮头。然而,社交媒体所具有的"传受"关系重构、交叉辐射式传播等一系列特征,本身即为一把双刃剑,它既具有颠覆传统媒体固化传播模式的优点,又威胁着传统媒体信息把关与过滤功能。由于社交平台中充斥着大量混杂的信息,内容质量参差不齐,真假难辨,缺乏可信性、权威性,信息监管难度倍增。因此,传统主流媒体有必要与社交媒体进行融合,依托其特有的资源和专业优势,严密而有效的审核把关流程以及一直以来积累的公信力背书,在纷纭复杂的舆论场中引领主流权威声音。2014 年中央《关于推动传统媒体和新兴媒体融合发展的指导意见》出台后,推动媒体融合发展上升为中央决策和国家战略。各级党委和政府认真贯彻落实,抓紧研究部署,出台配套措施,并通过专项资金、税收减免、产业培育等形式,加大对主流媒体的扶持力度,为推进融合发展营造了有利环境。

总而言之,新媒体基于社交平台的渠道优势与技术优势,重新搭建了媒体平台,改变了用户媒介接触的渠道和媒介接触的形式,但实际上缺乏完备的内容生产体系,仍需要具有高度职业素养的、专业的媒体人来提供丰富的优质内容,发挥两者的专业优势,更好地发挥媒体的社会属性,提高媒体的传播力、引导力、影响力和公信力。另一方面,从社群关系的建构上来看,用户随时随地发生的碎片化阅读行为和社交行为是紧密相连的,传统媒体的社交化转型,可以将社交关系链通过信息的聚合链接到互联网上,挖掘出海量的底层有价值信息,形成新的用户社群,聚合有相同兴趣、同类特质的群体,也方便了媒体了解用户的真实需求,构建用户画像,从而实现精准传播,更高效率地推动媒体对社会价值观、舆论的导向功能的运转。这将是建设新型主流媒体,以及未来中国媒体汇流和融合传播的重要方式。

第三章 媒体汇流模型

2002 年美国学者乔治·西维尔(George Sylvie)与帕特利夏·D·威勒斯邦(Patricia D Witherspoon)完成了《时间,变化与美国报纸》(《Time,Change and the American Newspaper》)一书,首次提出媒介"变化理论"(Change Theory),核心观点是:媒介变化是组织变化,交流贯穿于媒介组织运行的始终,它是组织变化的内在动因;外部环境是促发媒介组织大规模变化的主要因素。从这个意义上说,社会转型引起的受众变革是促发媒体变革的主要因素。本书在对媒体变革的研究中,根据社会进化理论中的社会分化与有机化理论,提出了媒体汇流模型。

第一节 分与聚的辩证

一、事物运动的基本形态

"分"与"聚"反映了事物聚合与离散的两种基本属性,反映了事物运动的两种基本形态。所谓分化是指事物之间存在着一种相互排斥的趋势和功能。这种分化保持了事物个性即相对稳定的质的规定性,使事物具有解除旧的整体并构成新的整体的可能性。融合是指事物之间存在着一种相互接近的趋势和功能。这种融合能够使原来同质的事物解构,并重构成一个整体或一个新的事物。

没有这种融合,事物之间就没有相互联系、相互作用和相互转化,不可能产生整体大于个体相加之和的组合效应。

"分""聚"与事物变化中的平衡与失衡、稳定与不稳定状态有着密切的联系。因此,在"分"与"聚"的对立统一的关系中,展示了事物深层的本质特征,体现了事物的基本变化规律。中国古人所说,"尽聚散之理,则能知变化之道,无幽而不通也。"①历史上许多哲学家,运用这一对范畴,解释生命现象,分析物理现象,揭示社会关系。王夫之说:"聚者聚所散,散者散所聚,一也。而聚则显,散则微,其体分矣。……使无一虚一实,一动一静,一聚一散,一清一浊,则可疑太虚之本无有、而何者为一。"②这论述了"聚"与"散"的辩证关系,并将这一对范畴与"虚"与"实"、"动"与"静"、"显"与"微"等其他范畴联系起来。

"聚"的本意是指众人的相会和汇集。《说文》解释说:"聚,会也。"即三人,古以三为多数,三人即众人,故聚引申为众。众人相会,便是聚会。可见,"聚"的意思与"专"的意思是相同的。在中国哲学范畴体系中,"聚"与"散"是一对对立统一的范畴。谭嗣同在《仁学》中曾把产生"聚"的这种吸引力叫做"以太"。他说:"遍法界、虚空界、众生界,有至大、至精微,无所不胶粘、不贯洽、不管络、而充满之一物焉,目不得而色,耳不得而声,口鼻不得而臭味,无以名之,名之曰'以太'。……格致家谓之'受力'、'吸力',咸是物也。"③《易经》说:"方以类聚,物以群分。"(《周

① 张立文.中国哲学范畴发展史(天道篇)[M].北京:中国人民大学出版社,1988:184.

② 汪学群.王夫之易学中的实有思想与清初务实学风[J].周易研究,2000(3).

③ 谭嗣同.谭嗣同全集(增订本)[C].北京:中华书局,1981:293—294.

易·系辞上传》)。后人韩康伯注释时说："方有类,物有群,则有同有异,有聚有分也。"意思是,"聚"是有条件的,要求参与的要素必须有相互吸引的质。中国古代哲学家郭象用"聚"来解释社会现象。他说:"千人聚,不以一人为主,不乱则散。"(《庄子·人间世注》),即:力量在"聚"的过程中,不仅要有集中统一的指挥,还需要围绕着一个"主轴"或者说围绕着一个"聚焦点"。中国古人说过:"聚成形质"。王夫之说:"聚则显,显则人谓之有,散则隐,隐则人谓之无。……其聚而出为人物则形,散而入于太虚则不形。""聚则积之大而可见,散则极于微而不可见。"启示:力量是通过"聚"而构成相对稳定的"形"。

"散"的本意是散布。中国古人曾说:散者,言其分布。"散"有杂乱、分派、分离、分散的意思。许多原理就体现在"聚"与"分"的互相演变过程。而这对范畴与"力"有着非常密切的联系,即"聚"产生于吸引力,而"分"产生于离心力。张载说过"形聚为物,形溃反原"。① 王夫之也有类似的论述,"聚而散,散而聚。"②这强调的"张"与"弛"两个概念。发"力"时迅速"形聚为物",发完"力"时迅速"形溃反原",而这后面的"形溃反原"为再次"形聚为物"做好准备。没有"张",不会有"弛";没有"弛",也不会有"张"。王夫之说:"聚者暂聚,客也,非必为常存之主。"③启示一个很重要的观点:力量在平时要处在一种"散"的状态,这个"散"不是指松散和无备,而是处在一种"弛""隐"的状态,处在

① 汤勤福. 太虚非气:张载"太虚"与"气"之关系新说[J]. 南开学报,2000(3).

② 张载. 张子正蒙[M].上海:上海古籍出版社,2000:卷九《乾称篇》.

③ 张立文.中国哲学范畴发展史(天道篇)[M],北京:中国人民大学出版社,1988:198.

一种调整或休整的状态。只有在需要时，才迅速将力量聚集起来。力量的聚集是有目的、有方向和有条件的。力量不能够经常处在紧张的聚集状态。所以说，力量的聚集是暂时的。

二、媒体分化与融合

分化是指社会生活的各个组成要素在时间和空间上逐渐分离成专门的部分，也是社会从传统形态向现代形态转化的重要动力，尽管这种现象在传统社会也存在，但是到了现代阶段，分化明显加剧，成为现代性的重要标志。[①]

显然，社会分化在社会转型期表现得十分突出，社会分化也是社会变革和转型的重要标志。在任何社会转型期，社会结构必然产生裂变，社会分化加剧，社会的价值、文化、政治、经济等都不同程度地产生各种形态的分化现象，传播分化就是分化中的一种形式。特别是在大众文化占主导地位的社会，传播分化自然而然是社会分化的主要载体和催化剂。传播分化伴随着社会分化而发生，加速社会分化的进程，促成了社会分化过程中各社会阶层的形成。同时，传播分化又体现着社会的文化冲突和文化分化。从深层次看，伴随着传播分化，社会文化在其系统内部产生冲突，形成新的文化因子，促成异质文化的生成，从而导致文化分化。在此基础上，社会文化本身也向异质性转化，也导致了不同的文化的产生。因此，传播分化实际是社会分化的必然结果，也是社会分化的一种形式。

其实，传播分化也促进社会分化，社会分化和传播分化具有明确的互动性。"在社会转型过程中，通过传播技术的普及所产

---

① 周宪.审美现代性批判[M].北京：商务印书馆，2005：113.

生的直接和间接的中介作用,传播成为一种社会发展的网络铭文。传播手段不仅仅是生产力内部的范畴,同时也编制和构筑了生产关系,维持和加强了生产领域当中的一般状态。传播工具对社会转型产生的撞击作用在于,重新构建社会空间。"①在社会转型的过程中,传播成为社会分化的中介和载体,同时通过传播,社会空间又得以重构。因此,就其发生看,传播分化是社会转型中社会分化的结果。而就其结果看,传播分化又是社会发展和社会转型的必要因素,是社会发展中社会现代性的具体体现。传播分化有相互关联的两个部分,一是受众的分化,二是媒体的分化。受众的分化,必然引起其对于传媒产品消费的分化,消费分化达到极致的表现是"碎片化",消费领域中的"碎片化"是指同一阶层内部的消费者由于态度观念、生活方式不同呈现出"碎片化"趋势。而传媒消费分化将引起传媒产品的分化,最终引起提供传媒产品的媒体的分化。媒体分化的过程如下:

社会分化→受众分化→传媒消费分化→传媒产品分化→媒体分化

媒体的分化与融合是一个辩证的过程。融合是指社会生活曾经分化的各个组成要素,以某种内在的逻辑联系重新结合在一起。社会进化理论早已指出,社会的有机化是一种必然。而有机化的结果是融合受众,继而引起从传媒消费融合到传媒产品融合,再到媒体融合的连锁反应。媒体融合的过程如下:

---

① 陈卫星. 传播的观念[M]. 北京:人民出版社,2004:438.

社会融合→受众融合→传媒消费融合→传媒产品融合→媒体融合

媒体分化和融合的影响因素包括了两个方面：

一是正反馈机制。马太效应是 The strong get stronger, the weak get weaker（赢者通吃，输者通赔），如：市场的扩大使海鱼供不应求，价格上涨。而鱼价上涨又会刺激人们进一步投资增加渔船，即正反馈。但如果继续增加渔船，对有限的渔业资源无异雪上加霜。资源开发一旦超过"阈限"，将导致资源彻底破坏或耗竭。这是一种正反馈循环链。可见，正反馈是导致复杂组织系统不稳定的根源，是媒体发生分化的根源。

二是负反馈机制。负反馈是系统稳定之源。资源的破坏性开发导致资源产量下降、价格上扬，进而刺激资源的进一步开发。在生态市场经济条件下，当资源产量下降时，采取措施限制资源的开发，并通过提高资源效率等措施降低资源需求量，达到减轻资源需求压力、实现资源可持续利用的目的，是一种负反馈循环链，其机制是：The strong get weaker and the weak get stronger（强者变弱，弱者变强）。负反馈是导致复杂组织系统稳定的根源，是媒体发生融合的根源。

在正负反馈的同时作用下，媒体汇流由分化而融合，呈纺锤状展开。如图

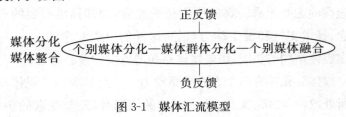

图 3-1　媒体汇流模型

第二节　媒体分化——汇流的起点

一、分化的动力

媒体生态环境是传媒开展传播活动以及自身生存发展所涉及的环境条件,有政治环境、文化环境、经济环境、技术环境以及全球的传媒分布环境,等等。环境变化通过媒体的竞争,引起媒体的个体变化。

媒体的角色是随着社会环境的发展变化而变化的,不同的时代背景对新闻传媒角色的要求也有所差异。有什么样的社会发展水平,基本上就有什么样的媒体运行与建设状况。社会政治、经济与文化等构成的媒介生态环境决定了传媒的制度、传媒的发展水平、传媒的行业规范、职业理念和运作方式。文明程度高、制度健全、经济发达、综合国力强的国家和地区,传媒的整体发展水平必然高。

协同学的创始人哈肯曾指出:系统内部各个子系统通过竞争而协同,从而使竞争中的一种或几种趋势优势化,最终形成一种总的趋势(自组织理论称之为"序参量")。系统中的"序参量"控制着系统演化的整个进程,决定着演化结果所具有的结构和功能。在遗传学上,"序参量"就是"DNA序列",即主宰系统演化过程的主要矛盾。媒体所依托的社会,为其提供必要的思想观念、技术支持和催生动力,正是这样的"DNA序列"———一个决定媒体结构与功能,影响媒体路径与方向的核心因素。

媒体分化具有两个方面的驱动力。一是外驱力。媒体与自身所处政治、经济、文化、技术环境的协同,以及与受众的协同,是传媒与社会协同的外在表现形式。绝大多数受众的需要，决定了传媒的发展方向。传媒必须以满足他们的精神文化需求为指向，并在媒体本身的竞争与合作中，寻求新的平衡，达到系统功能耦合的最优化和效益提升的最优化。受众是随着社会分化而不断发生着分化。它的分化，对媒体变异提供了外在的驱动力。计划经济年代，被严格行政统一管理下的受众，有着在那个年代特殊的信息需要，这是传统机关报台作为"事业单位"生存的土壤。市场经济下市民阶层的出现，社会政治文化经济条件的成熟，使市民生活类的媒体获得巨大发展空间，成为"企业化组织"。进入 21 世纪，社会中产阶级的出现，使我国传媒以收视率、发行量、传阅率论英雄的"覆盖性指标"遭遇价值降解。美国1400 多家报纸中，3％威望很高的报纸（40 多家）占所有报纸40％广告额。改变的社会环境和受众群体，需要负责任的报纸，提供有价值的信息，最终在与传媒的协同共生中促进了传媒的进化。二是内动力。媒体有着生存发展的内在需求，在为自身谋求存在的同时，会主动发生分化，对受众的需求进行引导和培育。如上世纪 90 年代中期，我国省级党报兴办都市报，很多人认为城市居民没有读报习惯。但都市报的发展，培育了市场，引导了受众的信息需求。从这一方面说，传媒变异的外驱力和内动力实际是对立统一的。

　　媒体分化的目的，是传媒通过竞争强化各自对受众注意力的争夺。邓丽君唱一首歌的价值比歌厅歌手高几百上千倍，并不是因为她有天生"稀缺自然资源"（好嗓子），因为在她成名前这种资源已经存在，但没有产生巨大的效益。美国学者迈克尔·高尔德哈伯的解释是：邓丽君的自然资源只是她所拥有的资源的很小一部分，对她来说，更为重要的是她拥有了现代社会的稀缺资源——"注意力资源",作为报业市场主体的多数报纸,一般采用"负定价"发行(即报纸的定价低于它的成本);广播电视节目(除有线电视外),一般采用"无偿"收视收听。传媒的经济运作并非依赖出售自身产品获得全部回报的,这是传媒不同于其他产业类型的一个重大区别点。麦克卢汉早在 20 世纪 60 年代就指出:传媒所获得的最大经济回报来自"第二次售卖"——将凝聚在自己的版面或时段上的受众,"出售"给广告商或一切对于这些受众的媒介关注感兴趣的人。报纸或免费电视通过一个好的内容吸引观众的关注,观众的付出不是金钱,而是"排他选择后的关注"。

受众的"注意力"是有限的,工业社会,人的一生中的劳动时间约为 10.4%,闲暇时间能占到 38.6%。[①] 而且,注意力越来越分散在各种不同类型的事物上。除现有大众媒体之外的各种文化活动,从明星演唱会到大片;从广场歌舞到酒吧夜生活;从手机游戏到健身锻炼……大众媒介以外的种种文化活动,都在分流着受众的注意力。因此,为了满足用户的不同需求,传媒不得不进行分化,有针对性地瓜分受众"注意力",媒介内容分众化趋势凸显。2019 年 2 月 28 日,中国互联网络信息中心公布了第 43 次《中国互联网发展统计调查报告》,报告显示截至 2018 年 12 月,中国网民规模已经达到 8.29 亿,位居世界第一,互联网普及率为 59.6%,而网民平均每周上网时长为 27.6 个小时,也就是说,每个网民每天平均有 3.94 个小时用于上网。

---

① 佚名. 新闻背景:休闲时间的历史性增长[OL]. 新华网,http://news. xinhuanet. com/travel/2006-05/02/content_4503682. htm.

表 3-1　网民行为与观念①

各类应用使用时长占比

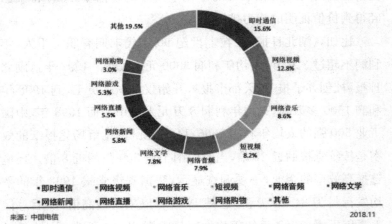

即时通信	网络视频	网络音乐	短视频	网络音频	网络文学
网络新闻	网络直播	网络游戏	网络购物	其他	

来源：中国电信　　　　　　　　　　　　　　　　　　　2018.11

　　无论是外驱力还是内动力，媒体分化的根本因素在于所处环境对其的选择机制。社会进化理论的选择机制来源于生物进化理论。生物学在解释海洋生物向陆地生物进化时认为，由于环境的变化，使得原本适合在海洋中生存的生物种类结构无法保持。此时物种继续发生分化，一部分仍然保持原有特征的生物自然灭亡了，一部分生物由于本身发生了变异不适应环境变化而灭亡，而一部分生物由于本身发生了变异适应了环境变化，得以生存。因此，演化经济学认为，环境非常有效地将任何与之不相匹配的能力剔除出去，当社会上的注意力资源越有限，能够将这种稀缺资源凝聚起来的"注意力产品"的价值更高。换句话说：媒体所处的环境是选择主体，具有甄别功能，对媒体能力的

---

　　①　中国互联网络信息中心(CNNIC).《第 43 次互联网络发展状况统计报告》[OL]. 中国互联网络信息中心，http://www.cnnic.net.cn/hlwfzyj/hlwxzbg/.

建立和演化都有着重大的影响。一个经过分化的媒体,只有那些自身能力与环境相匹配的分化单元才能存活下来,并将其已经得到价值证明的能力扩散开。

比如,《湖北日报》社在上世纪 90 年代末期有职工千人,年利润不超过 300 万,人均年利润 3000 元人民币。1997 年,《湖北日报》社创办子报《楚天都市报》,开始仅 200 多员工,到 1998 年利润 1600 多万元,人均年利润 8 万元人民币。而 1998 年,中国工业 500 强的人均年利润 1366.14 美元。可见市场化报纸的效率是传统党报的近 27 倍,当时中国工业 500 强的近 8 倍。环境选择高效率的企业,一项调查显示,我国省级党报 1992 年的平均发行量为 34.29 万份,这是 1990 年以来的最高值,随后总体上逐年下滑,1999 年的年均发行量跌至 23.91 万份。① 缺乏对稀有"注意力资源"的占有力,省级党报的分化当然不可避免。

那么,分化出的处于劣势的传媒是否一定会被淘汰?英国经济学家大卫·李嘉图提出的"比较优势理论"作出了否定回答。李嘉图在他的《政治经济学及赋税原理》一书中指出:即使一国在所有产品都处于绝对优势或绝对劣势,通过国际贸易仍能得到贸易利益。也就是说,在各种商品的生产上都占有绝对优势的国家,应集中生产优势相对较大的产品,而在各种产品的生产上都处于绝对劣势的国家,应集中生产劣势相对较小的产品。李嘉图的比较优势理论试图解释当一国在两种商品的生产中都处于绝对优势或绝对劣势时,两个国家贸易展开的原因及其利益所在。回到传媒产业上,广播是便携性不如报纸,又不像电视有声有画,这些年来

---

① 杨磊,孙业.我国省级党报的现状与走势——全国省级党报基本情况调查报告(上)[J].新闻记者,2001(8).

一直处于传媒产业中的劣势地位。但随着特定环境的改变（私家车越来越多），这种分化也渐渐适应于变化的环境，产生了"比较优势"而被选择。如北京交通台 2004 年的广告额就达到 1.5 亿元。随着车联网的发展，音频媒体又以 APP 的形式出现在车载大屏内，通过进一步分化获得新的生机。

二、分化的形式

媒体的分化，大体上有以下两种形式：

（一）由末梢至核心

媒体分化是从末梢个体开始的。2003 年，我国企业（标准差/平均值）是 1.18，其中大型企业的变异系数是 0.98，中型企业的变异系数是 1.28，小企业的变异系数则达 1.33。[①] 越是中小企业、越远离产业的中心，越容易产生变异，媒体分化也是如此。

《湖北日报》社 1978 年广告收入仅为 3.5 万元，在国家财政开始"断奶"的背景下，湖北省财政也对报社管理制度进行改革，引导《湖北日报》社走向市场。1980 年，湖北省财政实行利润分成，允许湖北日报社 50％利润自留。1982 年推行利改税，上缴利润变为交纳所得税。1984 年，《湖北日报》一年之内连推两张子报，分别为 1984 年 8 月 1 日创刊的《专业户报》和 1984 年 9 月 1 日创刊的《江汉早报》。《专业户报》立足湖北，面向全国，为发展农村经济铺路搭桥，为农民、专业户致富服务。报纸为 4 开 4 版，周刊（从 1987 年起，改为周双刊），每星期五出版，每期发行近 8 万份。《江汉早

---

① 罗仲伟，郭朝先. 加快我国中小企业发展的政策思路[OL]. 山西中小企业网，http://www.sxsme.com.cn/main/News_View.aspclass_id=115&news_id=265.

报》以武汉市为主，兼顾全省中小城市，是解放以来我国第一张早报。当年申请办报的报告，对当时社会环境变化引起的受众变化，作出了一个基本判断："随着我国城市各项事业的发展，人民对于精神生活的要求日益迫切，这种大好形势，对新闻界提出了新的要求，带来了新的活力。我省地处中原，中小城市渐趋兴旺，而省会武汉又是全国瞩目的一个大城市。因此，在省城编辑出版一张以城市读者为主的，类似晚报样式的早报，是各界人民的共同呼声。从全国迄今创办的十八家晚报来看，它们在宣传党的主张，加强党和人民的联系，促进社会主义精神文明建设方面，均发挥了特有的作用。有鉴于此，我们申请创办《江汉早报》。"①这个判断与后来都市报的受众定位十分相似，只是时间提早了 10 年。《江汉早报》的特色是一个"早"字，消息方面辟有"当日新闻"专栏，以最快的速度为读者传播信息；各界名家的撰稿也大都在"早"字上做文章。新闻界前辈徐铸成为"黎明漫笔"专栏写了开篇《江汉，您早》；文艺界前辈骆文满怀激情高吟《晨之歌》；著名老画家张振铎以图画《金鸡报晓》致贺。该报 4 开 4 版，每周 6 期（周一无报），一版为要闻，二版为地方新闻，开辟有《湖北经济、价格信息》专版，三版为《晨光》副刊，四版为文娱体育专版，还办有《家庭》专栏，日发行量达到 5 万份。

在湖北日报社创办《专业户报》和《江汉早报》的同年，南方日报社于 1984 年 2 月 11 日推出子报《南方周末》。南方日报社社长丁希凌向南方日报社编委会提议："我们的党报不缺乏正面、典型报道的经验，但是缺乏办生动活泼的版面的经验"。他

---

① 中共湖北日报社委员会文件（鄂报发 1984.21 号）关于创办《江汉早报》的报告.

说:我出国考察,看见外国报纸都是一大叠,这是经济文化发达的表现;而我们的报纸只有 4 个版面,从 1 版到 4 版让读者每个字都读,这不是好现象。南方日报编委会曾有将《南方日报》扩为 8 个版的想法,因种种原因搁浅,所以创办《南方周末》便成为《南方日报》的延伸和补充。创刊初,《南方周末》发行量 7000份,对开四版。《南方周末》原主编左方曾回忆该报的发展经历:刚创办时,自己上街买了 6 期报道,发现主要读者是干部、夜大学的工人(他们买了报纸放在夹克里)、大学生和高中生;而老大爷老大娘很少买,初中生以下基本不买。当时左方觉得读者对象抓对了,《南方周末》还没有进入家庭。这样,该报增设了家庭生活栏目,像"父母心""后车之鉴""连环画"和"每周一歌"等,主要是为了吸引高中生和初中生,他们还请宾馆的理发师评点最新潮的发型,这是为了吸引时髦青年。这样的结果是:到 1984年底,《南方周末》的发行量就达到了 11 万。

《南方周末》一年冲破 10 万份;而《湖北日报》社的《江汉早报》却始终在 5 万左右徘徊,发行量不到当时同城《武汉晚报》的三分之一。但从媒体分化的角度看,两家报社都由末梢开始分化。尤其是《南方周末》在组织管理、制度等方面的创新,促进了南方日报社的整体分化。在《南方周末》的分化试验成功后,南方日报社先后又从党报中分化出市民生活类的《南方都市报》、经济类的《21 世纪经济报道》等子报。

(二)由个体而群体

湖北日报社在《江汉早报》停刊后,又创办了《楚天周末》,市场效果仍不理想。1997 年,湖北日报社将《楚天周末》改为《楚天都市报》,迅速取得了成功。但在 2001 年,湖北日报社不顾一些反对声音,坚持创办《楚天金报》。这张报纸定位于市民生活报,与湖北日报社另一主要子报《楚天都市报》定位重叠。"生态位"的重叠，使两者间稿件内容、广告来源经常发生冲突。在已有一张成熟而且经济效益较好的市民化报纸之后，是否有必要办一张新的市民生活报，成为议论的焦点。从静态视角看，《楚天金报》的创办，造成在同一个集团内部存在两张定位雷同、风格雷同的报纸，效率不高。但是从预适应和容错战略看，《楚天金报》的创办在动态的背景下，一是使集团拥有了不可多得的刊号资源，二是分散了经营风险，客观上起到与同城其他报纸争夺"第二落点"的作用。在充满不确定性的世界里，保持一个容许错误、且多样性的组织环境是极为重要的，技术、制度、组织形式与生物群体一样，都不应当追求绝对的适应度，而应在弹性的适应度下保持足够的预适应贮备，从而保证媒体在骤变的社会转型中找到有效的突破口。《楚天金报》就是作为湖北日报社的预适应和容错战略的结果而存在。事实证明，市场允许了这张看似"同质"的报纸的生存空间。自 2002 年以来，连续三年，来自国内权威媒体监控机构（央视市场研究股份有限公司 CTR、广州新时代）的调查结果均显示：《楚天金报》期阅读人数、阅读率，在湖北省暨武汉市各媒体中均处第二位。

媒体分化，是循着由个体而群体，甚至由预适应的个体而至群体的发展规律发展。南方日报社从《南方周末》开始，一度将报社整体上分化为清晰的三个报系：《南方周末》报系，包括《南方周末》《名牌》杂志、《南方人物周刊》；21 世纪报系，包括《21 世纪经济报道》《21 世纪商业评论》《商务旅行》《理财周报》，以及关联公司广东二十一世纪出版有限公司、广东二十一世纪广告有限公司、上海二十一世纪广告有限公司、上海二十一世纪文化传播有限公司、北京二十一创世广告有限公司；南都报系，包括《南方都市报》《新京报》《云南信息报》《南都周刊》《风尚周报》。

第三节　媒体融合——汇流的终点

一、融合的动力

如果把媒体视作一个系统,媒体融合的动力也有两种:外驱力和内动力。外驱力的第一个表现是互补性,即"异质的互补"。分化的异质具有高度互补性,融合后为用户提供更具有针对性的优质服务。黄俊杰在哈佛大学经济学家迈克尔·波特"五力结构模型"基础上,提出了报业"六力模型":"资源供应方、读者、互补媒体、本地报纸、潜在进入者和政府行政力",其中着重强调了"互补媒体"的产业力量(如下图)。

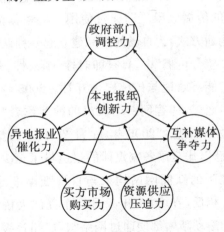

图 3-2　六力模型①

①　黄俊杰. 报业竞争环境的六力分析与竞争战略模型[OL]. 传媒学术网,http://www. mediaundo. com/blog/A10756-12/index. html.

其实不仅同一介质媒体之间可以互补,不同介质的传媒之间更容易形成"互补媒体",形成"整合传播"。整合营销传播理论(integrated marketing communications)由美国西北大学教授舒尔兹等人提出,被认为是市场营销理论在 20 世纪 90 年代的重大发展。它是指企业在经营活动过程中,以由外而内(Outsidein)战略观点为基础,为了与利害关系者(Stake holders & Interest Groups)进行有效的沟通,以营销传播管理者为主体所展开的传播战略,强调以顾客为中心,强调全方位和顾客沟通,强调营销成本的节约和营销效果的提升。整合营销传播理论的核心内容是:企业行为和市场行为以市场为导向,以消费者为核心;整合企业的一切营销和传播活动围绕主题概念进行最佳组合,让人们从不同信息渠道获得一致信息,使它们相互配合,发挥最大的传播效果。即通过使用一些根据消费者需求衍生而得到的沟通方式,为自己的产品建立起一种认知价值。

比如,在"整合传播"中,具有即时性、个人性、开放性等特点的博客、播客,能有效地与传统媒体互补。2005 年 11 月 26 日,江西九江发生地震,博客网一名武汉的博客作者"寻找东海岸"在 9 时 04 分发出信息:"2005 年 11 月 26 日 9 时整武汉发生地震,有较强震感",比全国各家媒体的报道早了至少一刻钟,但湖北两家报业集团的新闻网站均未与自身纸媒进行高度互补的"整合传播"。相反,在 2007 年 6 月广东九江大桥垮塌事件中,《广州日报》的滚动新闻部便通过网络与《广州日报》成功地进行了一次"整合传播"。国内外对"整合传播"比较敏感的传统媒体,已开始积极接受能与自身互补的新媒体,如 BBC 等已开始拥抱 Podcasting 这一新播客技术,受众可将网上的广播节目下载到自己的 iPad、MP3 播放器或其他便携式数码声讯播放器中随身收听,还可以自己制作声音节目,并将其上传到网上与广大受众分享。新媒体虽然发展势头强劲,但传统媒体拥有新媒体所无法比拟的品牌和各种资源优势,有着非常专业的新闻采编队伍和严格的新闻操作流程,从而一定程度上保证了新闻的真实性、客观性等国际公认的价值标准。传统媒体所具有的优势,恰恰可以作为新媒体迅速繁荣的依托。

外驱力的另一个表现是对受众需要的集约归纳,即"同质的吸引"。因为各种不同媒体分化产生的"异质",可能由于相互间某种"同质"重新聚合在一起。这些"同质"融合的根本原因,仍然是选择机制。融合是一种对受众变化着的需要进行适应性的结果,而不是预先计划出来的。通过环境的选择,媒体分化出的某些个体特征因更适应于受众的需要而存在,渐渐这些"同质"的个体特征相结合,以得到更高的效率。我们能够发现,不同物理空间中的受众,可能存在相同特点的信息需求。比如,每个省都有对汽车感兴趣的受众,他们的信息需求源于各自地域内的汽车类媒体。在媒体融合没有发生之前,这些信息需求是各自独立存在的。但媒体的融合可以将这些原来独立的受众需求进行集约归纳,使媒体以更低的成本,获得更高的传播覆盖率。比如,品牌定位近似的媒体进行融合,对品牌特定的受众群进行覆盖;区域定位近似的媒体进行融合,挖掘该区域内受众群的整体商业价值等。

媒体融合的内动力,是受众需要的精确凝聚。受众需要永远处于不断变化中,媒体若想获得更高的传播效率,进而在激烈竞争的媒体环境中生存,就必须根据不断变化着的受众需要(来自不同地域、有着不同信息需要等受众群体需要),进行融合。或然率公式是美国著名传播学者施拉姆在其著作《传播学概论》

中提出的,即:选择的或然率＝报偿的保证/费力的程度。他认为,要提高选择某种传播渠道的或然率,既可以通过降低分母值(预期的困难)来实现,也可以通过提高分子值(预期的报偿)来实现。施拉姆认为,或然率公式中的分子,即报偿的保证,"主要同内容以及它满足当时感到的需要的可能性有关"。[①] 在现实中,我们也能看到,传播市场上的卓尔不群者,无论它们吸引和凝聚受众的具体形式、手段有多少不同,但有一点是共同的,即它们都为受众群体提供了一种更能贴近实际需要、质量更好、定位更准的传播产品,而且受众群体还可以以一种较一般水平更低廉的代价,以更便捷的"交易成本"获得这种传播服务。从这个意义上说,施拉姆的或然率公式是媒体根据受众群体需要而融合,设计一切能精确凝聚受众群体的传播产品乃至传播媒介的基本思路。

二、融合的形式

(一)从浅表到核心

与媒体的分化相似,媒体融合的形式也是"从浅表到核心"。媒体的融合,无论异质的互补,还是同质的吸引,通常是从浅表开始。

比如,新媒体与传统媒体的合作,起初总停留在浅层次上,像新闻资源的购买或互换。新浪与传统媒体共享新闻资源,从上世纪末到现在仍然是从传统媒体电子版中摘取新闻,属于十分浅表的操作模式。百度 2006 年提出的泛媒体联盟则更进一

---

① 威尔伯·施拉姆. 传播学概论[M]. 陈亮等,译. 北京:新华出版社,1984:114.

步,它基于百度互联网新闻开放协议,借助搜索引擎的优势,致力于实现各类媒体的原创新闻内容在互联网上的价值回归,让用户找到真正的原创内容,最大限度地实现原创新闻在互联网上的价值回归,提高互联网新闻的公信力,试图达到"平面媒体与网络媒体共同发展"的目的。

同样在 2006 年,腾讯提出的"区域性报网互动",则比新浪、百度更进了一大步。腾讯通过与《重庆商报》合资成立公司,与《重庆商报》深度"报网互动"的模式,达到了融合的更深层次,取得的效果也远远优于新浪、百度与传统媒体的融合。

(二)从部分到整体

泛区域性媒体融合,是 21 世纪初媒体融合的重要特点。上世纪被行政指令规范在省市区域内的媒体,渐渐突破了行政区划界限。

如 2008 年 1 月《武汉晚报》联合武汉 1+8 城市圈内 9 家报纸组成战略联盟,抱团发展、相互叠加,试图创造"1+8 大于 9"的聚合效应,为城市圈报纸带来新的探索和发展空间。这种城市媒体间合作与交流崭新的模式,首先是新闻资源共享开始,然后过渡到广告、品牌等全方位资源。

再如泛珠三角区域合作,最早源于 2004 年 11 月《福建日报》《江西日报》《湖南日报》《南方日报》《广西日报》《海南日报》《四川日报》《贵州日报》《云南日报》和香港《文汇报》《澳门日报》共同开展的"9+2:携手珠江"大型新闻活动。次年,这 11 家媒体意识到:泛珠三角区域合作给区域内的主流媒体开展合作带来了全新的机遇,应该把合作从比较单纯的采编合作扩大到全方位。经过其后四年努力,泛珠三角媒体区域合作开拓了"泛珠媒体网络联盟"以及"《南方都市报》进军云南"等新合作领域,已经进入采编、经营合作、网络合作等全面合作的新阶段。

(三)从战术到战略

媒体针对特定的受众需要,增设一个专刊或频道,在以往通常被视为媒体的"战术行为",有针对性地满足不同受众需要而已。但是,《广州日报》将此升级为"战略行为"。2007年,《广州日报》推出了"1+N"战略新举措,即在传统对开版面之外增加了四开版面的系列特色周刊,包括女性周刊《时尚荟》、经济周刊《理财周》、娱乐周刊《休闲周》等。

《广州日报》称,为实现"1+N"战略,特别耗资2亿元购置一台德国曼罗兰 UNISET75 单幅印刷机,其功能上与一般印刷机有很大差异:既可以分为3台机独立生产不同的"薄报",也可以合为1台机生产1份厚报,在版面和色彩上具有很宽的适应范围。而《广州日报》印务中心现有的大型双幅生产线适合于大批量多版面的厚报生产,用于版面少的"薄报"生产则非常浪费。《广州日报》原有的印刷设备并不落后,而投资2亿元更换印刷生产线,表现了该报此举完全有别于以前改扩版之类"战术行为",体现的是一种"融合决心"。

又如前文提到腾讯与各地方报业合办的区域互联网项目,2006年在重庆启动时只是与《重庆商报》的一个战术合作。而当2008年腾讯与湖北日报传媒集团进行类似合作时,则直接由双方集团层面进行对接,集团高层出面签订协议,一开局就提到了一个战略高度,成为我国报媒集团与互联网公司合资办融合媒体的首次尝试。

第四章　新时代中国社会变迁与媒体融合特征

从 20 世纪 70 年代末开始,中国社会用了 40 年的时间,以举世瞩目的速度,完成了西方社会在近百年时间里完成的工业化进程。进入新时代,中国社会逐步进入"后工业社会",信息经济逐渐成为推动社会发展的重要推手。社会的未来转型,呈现以互联网作为连接器的"合"为主的特征。

第一节　中国未来社会转型

中国未来社会转型,由以不忘初心为主导的政治发展,以信息驱动为主导的经济发展,以整合碎片为主导的文化发展,以数字革命为主导的技术发展所构成。

一、以不忘初心为主导的政治发展

中国共产党第十九次全国代表大会,是在全面建成小康社会决胜阶段、中国特色社会主义进入新时代的关键时期召开的一次十分重要的大会。会议主题强调的"不忘初心,牢记使命"对于当下的媒体融合而言具有十分重要的指导意义。

过去,部分媒体脱离群众基础,在传播技术、传播内容、传播渠道、传播方式上,难以满足人民群众日益增长的精神文化需求。即便媒体仍然拥有"权威性""公信力",仍难以得到广泛群众的响应,原因就在于没有做到"不忘初心,牢记使命"。

为此,媒体只有在重视人民群众的力量之基础上,先完成人民性与媒体内容的融合这一关键步骤,方可进行后续的技术融合、渠道融合。媒体要想做到真正将人民性融入媒体作品之中,就必须做到媒体内容对党性与人民性的两者兼顾,实现两者的完美统一。从根本上而言,人民性与党性具有一致性,两者的利益诉求在本质上是相同的,媒体内容在进行主流思想的宣传过程中,只有站在人民群众的立场上去思考内容,在传播渠道上充分考虑到人民群众所倾向于使用的终端与平台,而非一味地进行曲高和寡般的教条主义式说教,或是死守于传统的媒体平台与终端而不愿接触近年来新兴的传播渠道。如此,方可做到党性与人民性的统一,实现媒体融合与人民性的有机统一。

以 2018 年 7 月 1 日《人民日报》推出的 H5 产品《快看呐!这是我的军装照》为例,对于建军节这样一个以党、军为核心元素的时间节点而言,若是直接对建军节本身进行文字概述与历史描绘,对于从事军政以外事业的广大人民群众而言,必定难以觅得与相关媒体内容的共鸣点。为此,《人民日报》充分发挥创意,将建军节与群众通过 P 图技术紧密相连。由《人民日报》客户端创意出品并主导开发、腾讯天天 P 图提供图像处理支持的新媒体产品。用户扫描二维码进入 H5 页面后,画面显示一个泛黄的相册,相册里面是各个年代军装图片。在相册的最后一页上写着:"×××(微信昵称),你的军装照怎么不见了?"点击这段话的空白处,即可进入下一个页面,通过上下滑动选择参军年代,然后上传自己的照片,即可获得合成的形象逼真的军装照。

同时，作品内容丰富，从 loading 到内页的设计都非常用心，制作团队在前期搜集了大量各个时代军装照，并邀请军史专家严格审核，以确保每张原型照片的军徽、军章、军服都尊重历史，并按年代依次呈现，准确还原每个年代的特色，充满亮点。在聚光灯分享效应下，随着用户的积极转发，其对建军节本身的关注自然也会逐渐加强。《人民日报》通过技术手段实现的媒体融合案例之所以大获成功，其根本就在于对人民性的充分重视，真正地做到了"不忘初心，牢记使命"。

二、以信息驱动为主导的经济发展

从我国的国情来看，发展是一个实现社会主义现代化的过程。发展问题关乎国计民生，在发展问题上，我国从"多快好省的发展"到"发展是硬道理"，从"发展是第一要务"到"又快又好的发展"，后来又提出了科学发展观。科学发展观是逻辑的思考、理性的选择，对于当今信息时代而言，科学发展观的贯彻落实，离不开对一切呈膨胀式野蛮生长的信息元素给予充分的管理与引导，逐步消解区域之间的信息掌握量上的不平等、不对称，透过逐渐消解不同区域对于信息占有量的悬殊，以实现全面而平衡的经济发展。

创新化信息的呈现形式，平衡化信息的扩散渠道，是刺激经济增长的核心，而互联网技术无疑是促进互联网企业对信息的利用率、刺激经济繁荣的重要基础。习近平总书记曾在 2016 年的网络安全和信息化工作座谈会上强调，"我国经济发展进入新常态，新常态要有新动力，互联网在这方面可以大有作为……要着力推动互联网和实体经济深度融合发展，以信息流带动技术流、资金流、人才流、物资流，促进资源配置优化，促进全要素生产率提升,为推动创新发展、转变经济发展方式、调整经济结构发挥积极作用。"

2018年10月,腾讯调整组织架构,大力推进TOB(对企业服务)业务,迎接"互联网下半场"。通过移动互联网口完成了信息对经济的赋能:以小程序为入口,通过丰富多样的开放接口功能及微信支付,实现企业原有商业模式信息化。在线下行业中,通过微信支付撬动商业闭环中的关键节点,帮助企业沉淀可持续维护的客户资源,实现离店触达;对于数据赋能而言,通过用户画像、产品销售量、备货库存量、供货补货、物流配送、会员信息、账户资金、付款金额等数据,将帮助企业实现"大规模订制、柔性化生产",满足消费者日益增长的个性化消费升级需求;同时,帮助企业减少人力投入,系统化的数据收集实现更有效的运行,而用户消费习惯和偏好、客户满意度等数据的收集能生成宝贵的商业动态趋势,帮助企业找到新的突破口和增长点。

基于信息驱动与赋能,互联网与实体经济的融合发展,为人们提供了大数据、人工智能支撑的前馈式移动服务系统。这种以信息流带动实体经济的前馈式移动服务系统,将会产生新动能、开辟新领域,使整个社会的生活样式、经济形态发生根本性改变,为经济社会发展迎来新的篇章。此外,信息的可复制性注定了其延伸与扩散的低成本性,通过信息这一成本低廉的资源而非其他易消耗、难以再生的资源为经济赋能,充分契合了可持续发展这一理念,实现了经济发展与自然资源和谐共生,做到了从单纯追求发展数量和当代人利益的传统发展模式,到注重发展质量和后代人幸福的可持续发展模式的根本转变。

对于媒体行业而言,我国部分传统媒体已实现了IT信息化对核心业务的融合。传统新闻稿件信息化应用,如采、编、发存储等核心系统,为核心业务新闻信息的生产管理提供了有力技术支撑;与此同时,以新华社为代表的新闻媒体机构的战略转型对信息化提出了更高要求,例如新华社在建的融合发展平台、集成服务平台等新媒体产品生产系统,将新闻媒体的生产业务和IT服务支撑系统彻底融合,实现高度一体化的现代先进媒体生产线①。县级融媒体中心的建立,也大大超越了媒体只报道新闻的局限,向着"新闻+政务+服务"方向发展,成为信息驱动本地经济社会发展的枢纽。

三、以整合碎片为主导的文化转型

"一切固定的古老的关系以及与之相适应的素被尊崇的观念和见解都被消除了,一切新形成的关系等不到固定下来就陈旧了。一切固定的东西都烟消云散了,一切神圣的东西亵渎了"②,马克思在100年前作出了这样的描述。现在看来,与文化的碎片化现象有惊人的相似。

所谓媒介文化,是在商品经济和现代大众传媒产业条件下的文化现象,是对传播大众化、文化产业化以及与之伴随的各种文化现象的统称。传媒是社会机体的器官,承接着社会新陈代谢的作用,传承着文化,转达着意识,表达着观点,显现着疮痍,忧患着人世。计划经济时代,整个社会是具有宏大政治经济文化追求的群体,文化也呈现统一化、整体化特征。传媒的文化使命,是应和群体的文化需要,表达群体的观点。

---

① 杨李娜. 新闻媒体信息化服务支撑系统建设的思考[J]. 中国传媒科技,2014(Z1):109-111.
② 马克思. 共产党宣言[C]. 马克思恩格斯选集. 第一卷. 北京:人民出版社,1972:254

20 世纪末以来，随着计划经济时代过去，社会文化开始转向多元化、多样化。传媒文化失去了宏大政治经济目标的追求，渐向娱乐化、生活化、消费化、时尚化趋拢。传媒，对于受众来说就是陈冠希的隐秘生活，汤姆·克鲁斯的新片，姚明的即时赛况。传媒功能的发展和变化，使社会多元，生活多彩，个性张扬，每一个都市流行潮总是传媒带来的。

传媒是小众时，这些变化不会对社会产生根本的影响。但是，当传播文化的传媒大众化时，变革就在隐匿之间悄悄发生，并会在某个量的积累上发生爆发。大众与传媒的链接，表达的是社会主流文化的发散模式，当传媒功能转移和变化后，它会对社会的主流文化本能地发散其芳香，或者散发出异味，并逐渐形成了主流文化的大致模样，这就是马克思所说的媒体形成的"观念世界"。

酒吧、狂欢、明星隐秘、凶杀、滥情……传媒"观念世界"相当程度上成为消费、娱乐、时尚的碎片。如果一个社会的传媒文化长期停留于碎片形态，满足于解构而无能于建构，那将是一场社会灵魂的灾难，意味着社会整体生命力和创造力的终结。

文化的"去碎片化"，就是以文化整合力将时代车轮已碾碎的视点，糅合成系统性的价值体系，昭示新的游戏规则和新的生活方式，给人们思维和决策行为提供一种方向感。文化整合力之下的媒介具有双重功能，既有"导验性产品"——走在社会发展的前列，提供具体的信息，从而拉动人们潜在的需求并形成可操作化的范本；也有系统性的价值呈现方式，为了改变人们生活富裕了、精神层面却相对"碎片化"的状况，告诉他们如何过一种有价值的生活，这时媒体贩卖的是一种价值主张。

四、以数字革命为主导的技术转型

计算机网络的出现，大大提高和扩展了人类交流信息的能力。计算机处理、存储、传送信息的基本单位是"比特"（bit，binary digit 之缩写），即由 1 和 0 所组成的二进位数字。因此，人们所说今天是信息时代或数字时代，其根本含义是等同的。电波媒介和纸质媒介原本是两种完全不同的介质形态，界限分明，但由于数字技术的发展，界限逐渐模糊。电视和广播更采用同一种载体——数字来传播，无须再通过不同的播放器传送。数字化沟通了以往泾渭分明的信息（计算机）业、电信业、大众传媒业三大领域，不仅出现了以往业务的相交叉及"三网融合"的新趋势，而且出现了跨领域企业间的并购与整合。

数字化传媒颠覆传统产业，MP3 对传统唱片业的冲击、数码照片对胶片业的冲击就是典型的例子。在信息被化约为 0 和 1 的排列组合之后，任何人只要拥有和掌握相关手段，就可以轻而易举地再造一个完美的复制品，并可通过互联网进行广泛的传播，从而导致一些依赖传统信息复制技术的行业完全被淘汰，而数字化技术同时又创造新的产业，如电子游戏尤其是在线游戏的兴起就是最明显的例子。2000 年韩国在线游戏产值高达 1.1 亿美元，是 1999 年的 6 倍。数字化传媒改变了以往大众传播的特点，而使"分众"的特点得以发扬光大，更加适应受众需求的多样化；改变了以往媒体单向传播的特点，使受众个体也可成为信息的发布者，具有了双向互动的功能；改变了以往受众收听收看广播电视必须同步性的特点，而实现了异步性；改变了以往媒体内容只能由专业生产的局面，使信息的传播流通更为自由，形成了海量信息源；改变了以往众多媒体地域性传播的特点，使传播的范围扩大至全球。

第二节　新时代的受众特征

新时代,是数字技术、4G 及 5G 移动网络、万物互联迅猛发展的时代;是文化多元、注意力越来越难以集中在单一媒体产品上的时代;是中产阶层出现,族群化、主体化特征明显的时代。

一、菱形化

中国自 20 世纪 90 年代中期开始媒介"平民化",以告别一元化为特征,以争取最大规模的注意力资源为目的,以收视率和发行量为评价指标。一言以蔽之,赢得大众市场成为媒介经营的制高点。这一背景下,媒介市场开始出现分化。都市报的兴旺、娱乐节目的走红以及电视剧的热播,以普通大众为主体;另一端,则是以传统机关报台对应的精英受众。受众的结构,呈"金字塔型"。

然而,中国社会阶层不断分化,社会群体间的差距拉大,虽然大量的中低收入阶层依然存在,但高学历、高收入、高职位的"中间阶层"也在各大城市中出现。相当一部分媒体都把触角从大众市场伸向中高端市场,锁定主流人群,即最具社会行动能力的,拥有较多消费、知识、时尚和管理话语权的人群,以此凝聚媒介的影响力来获得高额市场回报。

20 世纪 30 年代以后,随着美国社会工业化的完成及向后工业社会的转变,新的中等阶层——白领阶层逐渐形成。1956 年,在美国职业结构中,白领工作者的数量在工业文明史中第一次超过蓝领工作者。到 1970 年,白领工作者与蓝领工作者的比例超过了五比四①。尤为重要的是，在这一阶层中，大量出现的不是小农场主、店主和小企业主，而是随着后工业社会的出现日益增多的所谓"新中产阶级"，包括专业技术人员、经理阶层、学校教师、办公室的工作人员以及在商店内部和外部从事推销工作的人。1860 年中产阶级雇员的人只有 75 万人，而 1940 年达到 1250 万人。其中，新中产阶级的人数占到 56%（70 年前他们只占 15%）。随着科技革命的发展和大型垄断组织的兴起，美国白领的总数也从 1940 年代的 1000 余万上升到 1970 年代的 5000万，1980 年代白领占全部劳动力的 50% 以上。进入 21 世纪，美国工人阶级只占劳力的 25%，而专业和技术的阶级（像管理者、教师和研究者）则占到总劳力的 30% 以上②。欧洲、日本等其他发达国家，也先后出现了类似的社会结构变化。

目前，中国中产阶层已见雏形，迎来大发展时期。虽然目前对于中产阶层还没有统一规范的定义，但中产阶层的形成将是一个历史大趋势。这一点，通过以下几组数据可以看出：

中国社科院社会政法学部于 2018 年 1 月 7 日发布《中等收入群体的分布与扩大中等收入群体的战略选择》报告，该报告将家庭人均收入中位数的 76%—120%，视为中低收入群体。根据上述报告，按总人口计算，中国大约有 4.5 亿人口属于中等收入家庭。如果将中间收入群体、中上收入群体和高收入群体相加在一起，则

---

① Bell，Daniel. The Coming of Post-Industrial Society［M］. New York：Basic Books，1999：17.

② Bell，Daniel. Technology and Human Civilization［R］. Speech on Television in Centennial Celebration of NanjingUniversity.

大约有 6 亿人口属于中等收入以上。①

　　国家统计局综合司副司长、新闻发言人毛盛勇于 2018 年 1 月在接受采访时表示,保守测算,目前我国中等收入群体超过 3 亿人,大致占全球中等收入群体的 30％以上,也占全国人口的 30％左右。该标准是按照世界银行中等收入标准为年收入 2.5 万—25 万元人民币而定。②

　　德国安联保险 2018 年公布的一项调查研究显示,全球居民每 7 个人中有一个属于中产阶层。这份 2018 年度全球财富报告指出,为中产阶层壮大做出最大贡献的是中国,其作为全球第二大经济体,中国进入中产阶层的居民数量已经占到全球总数的一半(相较 2017 年,全球居民家庭金融资产总值的增长中,美国占到 44％,中国为 25％)③。

　　美国《圣何塞信使新闻》网站 2018 年 11 月 26 日发表文章称,中国城市日益壮大的中产阶层已超过 4 亿,比美国人口总数还多。即使将这个数字减半,也超过大约 1.2 亿的美国中产阶层人数。此外,尽管中国中产阶层的收入低于美国中产阶层,但较低的生活成本使他们的生活水平接近于南欧④。

　　这标志着中国受众从金字塔型结构走向菱形结构,受众接受信息的取向发生了重大改变。一是消费主义意识形态下中

---

① 陶凤. 中等收入标准"保量"也要"保质"[N]. 北京商报,2018-01-12 (002).

② 陶凤. 中等收入标准"保量"也要"保质"[N]. 北京商报,2018-01-12 (002).

③ 观察者网. 德国保险巨头报告:全球中产壮大　中国占据半数. [OL]. https://www. guancha. cn/economy/2018_09_30_474017. shtml.

④ 参考消息. 美媒文章:中产阶级成中国重要经济力量. [OL]. http://m. ckxx. net/pinglun/p/134284. html.

产阶层的生活方式的出现。与以往受众关注柴米油盐不同，这些受众关注着汽车、房产等消费品。随着中产阶层人群从无到有，这种消费主义意识下中产阶级的生活方式也从部分青年的自我想象，渐渐成为城市市民的普遍化自我身份认同。传媒公共言论空间所表达出来的中产阶层对于社会公共事务的诉求，被认为是理性的、建设性的，是维护社会稳定，与激进主义对抗的。

二、族群化

"碎片化"（Fragmentation），原意为完整的东西破成诸多零块。有研究表明，当一个社会的人均收入在 1000—3000 美元时，这个社会便处在由前工业社会向工业社会转型的过渡期，其基本特征就是社会"碎片化"：传统的社会关系、市场结构及社会观念的整一性——从精神家园到信用体系，从话语方式到消费模式——解构。而从工业社会到后工业社会的转变过程中，社会从"碎片化"走向了新的"族群化"。这种"族群"不同于前工业社会由地缘、亲缘形成的族群，而是由共同的利益或兴趣，在数字技术支撑下形成的"族群"。就传播的影响力而言，某一个媒介就能强势覆盖广大"碎片化"受众的时代已经一去不复返了。十几年前，中央电视台《春节联欢晚会》的收视率可以轻易超过50％，因为受众没有"族群化"，无法由"族群"为其提供保护。

受众的融合形成了许许多多"族群"，而传播致效的一个基本前提，就是必须开始特别重视每一细分族群的特征，以及他们的个性和心理需求。于是，一方面是传统媒介传播市场的份额在不断收缩，其话语权威和传播效能在不断降低；另一方面则是新兴媒介的勃兴与活跃，传播通路的激增、海量信息的堆积以及表达意见的莫衷一是。

麦克卢汉认为人类正在回归到部落化,进入多样性部落生存的新型状态之中。他说,全球村是一个丰富的、富有创造性的混合体,这里实际上有更多的余地,让人们发挥富有创造力的多样性①。受众不再是笼统意义上的一群人,而是按照年龄、性别、种族、收入、职业、教育水平、居住区域、兴趣爱好等因素划分为不同的受众群体,媒介根据不同群体的特征提供其需要的信息,也根据同一群体的不同需求提供相应的信息。互联网的出现永远改变了全家人围坐在电视机前的固化情景,消费者已经学会了如何在不同媒体之间分配时间,这通常是在家中的不同地点进行的,并且他们留给大众媒体的时间已经越来越少了。现在城市中年轻一代的消费者已经开始离大众媒体越来越远。他们从小生活在一个"族群"的环境中,按照个人喜好、生活态度等方面的族群化已经非常明显。我国的中产阶层也将成为整个社会消费的主导力量,而这一阶层也将是分化最为激烈的一个阶层。他们大多具有"独立"的特点,有着极强的购买力。他们的细分程度非常大,追求个性,喜欢炫耀和表现自己的与众不同,但是对某一特定群体存在着强烈的归属感。受众发生的这些变化,是时代发展的必然。受众不再是一个统一的整体,而是分化成一个个具有共同兴趣或者利益的小众群体,并且这种趋势仍在加强。

社会整一性阶段的那种统一目标与绝对共识,看起来似乎比现阶段的杂芜、混乱、娱乐以及物欲强过许多。但事实上,"碎

① 何道宽.媒介即文化——麦克卢汉媒介理论批评[J].现代传播,2000(6).

片化"背后的社会进步价值不可低估。受众的分化与融合是一个硬币的两面,这种矛盾的事项同时进行。以前的那种巨大规模的市场板块已经不复存在,同时新的板块又在迅速形成。社会"碎片化"引起受众融合,导致受众的"族群化",不同嗜好不同背景不同的文化形成新的族群,任何一个创意、一个栏目、一个媒体对于某个族群是感动的,对于另外一个族群来说很可能就是厌恶。"族群化"是受众进化过程的一个必经阶段。在此阶段上,以往被忽视甚至被损害的大众受到了尊重,每一个体的个性与价值得到了前所未有的关注。人们在社交平台上找到了"同族的人",获得了更多的自我满足,做出了更多的个性决定。

社会碎片化背景下受众的"族群化",其真正涵义是"分众"背后新的"融众"的需求。"分",是从面目模糊的庞大社会大众的总体中,分出清晰有个性特征的小族群来;而"融",是将有着同一价值追求、生活模式与文化特征等同类的众多个体,以某种传播手段、渠道及平台聚合到一起。

三、主体化

麦克卢汉曾指出"媒介是人的延伸",若说过去的传统媒体延伸的是新闻受众的眼睛与耳朵,那么在当今的网络时代——社交媒体占据主要阵地的信息传播环境中,众多媒体受众不再被动地停留于新闻内容传播的接收端,而是能够通过社交媒体的原创、评论、转发等功能,影响新闻内容的走向,由此,受众的嘴与大脑也透过媒介实现了自我的延伸——这便是受众的"主体化"阶段,从"受众"走向"用户",让自身的主观能动性、社会价值得到充分发挥的重要过程。在该过程中,用户自身的权利相较传统传播语境得到了质的提升。

在社会化媒体时代,受众单方面接收内容的传播地位已经改变。人取代内容,成为互联网的基础单元,这个基础单元是以网络节点的形式存在的,每一个用户作为一个节点,都可能对整个网络施加自己的影响。这种影响促成了内容生产与社交性的高融合度:网民进行自发的内容生产,目的在于满足网络虚拟社会关系的需要,获取群体认同;相对的,获取了充分群体认同的用户,所生产的内容也更易进行高效传播。

对于新时代的传统媒体,为扩大自己新闻内容的传播效率与广度,需对作为网络节点的用户自行生产相关内容的意识,进行开发与引导。而引导是否具有价值,关键在于能否对用户的网络社会关系链产生积极影响,以促使每一个用户具有充分的意愿进行自发传播。以《人民日报》、天天P图在2017年建军节期间联合推出的H5《快看呐!这是我的军装照》为例,大获成功的原因在于UGC的引导:对于社交媒体平台的每一个用户而言,在强化自身社会关系的诸多内容生产方式中,个性化推荐属于其中较为重要的一个,军装照H5基于人脸识别技术,以新颖的方式将个人照片与军装融合,用户在微信朋友圈进行传播。这种个人专属的参与感,用户进行自发传播的欲望得以刺激。这款"军装照"H5上线两天,浏览次数(PV)累计2.0921亿、独立访客(UV)累计3832万。又如央视财经+腾讯地图在2017年国庆期间联合推出的H5《厉害了,我的国》,用户通过摇一摇进入相关界面后所在的位置就会在地图上点亮,形成一张逐渐被"点亮"的中国地图,除此之外,用户还可以生成自己的专属定制海报分享给身边的好友——点亮地图带来的群体归属感,与专属海报分享带来的个性化推荐,共同满足了用户在进行内容生产时的社会关系需求。

第三节　新时代的媒体汇流特征

一、基于平台的高分化媒体汇流

回首 21 世纪初,各种专营某一类信息的传统媒介迅速发展,报业有证券报、体育报等、广播有经济台、音乐台、交通台等专业台、电视业有各种专业频道。它们从原有媒体中分化出来,使得媒体品种迅速增长。与之类似,在当前这个由 Web2.0 朝 Web3.0 迈进的新时代,各种垂直化、精耕化的小众性质的精准运营类内容层出不迭,媒体的高度分化在于消费者的异质化,媒体面对的不再是所有的大众,而是与自己的产品内容有着极强联系的特定"小众"群体。不论是 21 世纪初的传统媒体细分还是当下的精耕化内容服务,都需要有一支高素质的内容生产队伍和一个稳定的内容受众群。所不同的是,21 世纪初的媒体分化,是 PGC(专业生产内容)的分化;而新时代的分化,既有 PGC 的分化,也有 UGC(用户生产内容)在 PGC 平台上的分化。

美国的 YouTube 网站中,曾产生过一个概念——MCN (Multi-ChannelNetwork),其可被视作内容生产者(PGC 或 UGC)和 YouTube 平台之间的桥梁。MCN 并非内容的生产者,而是为"势孤力薄"的内容创作者提供整合功能,通过聚合这部分群体以建立频道,从而更好地实现创作者形象与内容的推广,进而刺激变现可能性及其效率的提升,完成一系列操作之后,再按照一定的比例与创作者进行分成。

成长于中国本土的 MCN 是一种"多频道网络"的产品形态,基本组织架构包含运营、商业变现,将 PGC/UGC/PUGC 内容融合起来,在制作、交互推广、合作管理、资本等方面的有力支持下,保障内容的持续输出,可以最终实现商业的稳定变现。专注于以内容生产和运营为基础的不同业务形态。据统计,截至2018年12月,国内的MCN机构数量已经超过了5000家,并且90%以上的头部红人被MCN公司收入囊中,或成立了自己的MCN。[1]

我国已有多家互联网企业填充了自身的MCN版块。例如,网易方面,自2016年被推上内容行业风口以来,短视频历经了UGC迸发、PGC垄断头部流量的阶段,个体创作者流量瓶颈及商业变现等难题逐渐加剧,MCN开始显现并发挥重要作用。2017年,为打造平台内容生态,网易新闻旗下媒体平台网易号重磅推出"MCN功能",通过接入MCN机构,对机构开放PUSH推送、热点舆情监控等资源倾斜。2018年年初,网易新闻宣布投入10亿用于补贴短视频及MCN,向MCN机构开放平台50%的资源,全力帮助MCN在流量、品牌等方面获得收益。到2018年4月,网易号平台已接入138家MCN机构,覆盖全网头部MCN机构的90%以上。"MCN赋能计划"还将根据MCN流量层级,对其进行"流量激励",开放"上网易头条""首页账号推荐""定向PUSH"等资源扶持及资源分配功能。今日头条2018年6月7日推出"MCN合作计划",大力扶持图文和微头条内容生产,对外全面开启MCN机构接入合作。平台为MCN机构提供更好的创作环境和更丰富的变现手段。今日头条在图文、微头条领域给予MCN机构一定的资源倾斜,希望凭借与更多领域的

---

① 2019中国MCN行业发展研究白皮书(节选)[J]. 中国广告,2019(05):83-88.

MCN 机构达成深入合作,与 MCN 机构共同打造出一个良性、活跃的内容生态。加入合作计划的 MCN 可使用母子号功能,对旗下子账号进行统一管理(包括账号管理、内容管理、数据统计等)。图文、微头条内容可获得今日头条专属流量资源扶持和阶梯式奖金奖励,短视频 MCN 可优先参加西瓜视频联合出品合作;获得一对一专属服务,优先体验平台新功能,享受商业化变现咨询服务;获得今日头条官方认可的合作伙伴身份,使用 MCN 合作机构身份对外开展工作,提升市场影响力等①。

对于媒体而言,为了在新时代的媒体汇流期充当先锋,参考上述的互联网公司的相关措施,MCN 无疑是一条促进融合与汇流的重要举措。基于自身平台的影响力优势,将平台搭建成为高分化的众多自媒体的舞台,成为新时代媒体汇流的特征。

二、以数字技术为统一语言的汇流

数字技术不断使各种媒体延伸出新的媒体形式。"新"体现在新的传播技术上,也体现在媒体形式上。有些媒体形式是崭新的,比如网站;有些是在旧媒体基础上引进新技术后,新旧结合的媒体形式。信息的需求与信息的供给永远是一对矛盾,媒体作为两者之间的沟通环节一直受到传输技术的限制。传输技术的每一次进步,尤其是数字传输技术的发展,不仅使传输的成本降低、范围扩大,而且使各种媒体间出现了融合趋势。

对于媒体而言,透过数字技术优化信息内容传输链路,是加快推动媒体融合发展、构建全媒体传播格局的基石,是媒体行业

---

① 黄平. 论 MCN 背景下传统媒体的融合之路[J]. 新闻研究导刊, 2018,9(14):1-2+41.

顺应数字经济时代要求、改革求发展的必由之路。2014 年 8 月，中央全面深化改革领导小组会议审议通过了《关于推动传统媒体和新兴媒体融合发展的指导意见》，其中强调了"运用大数据、云计算、移动互联网、物联网等技术，加强出版内容、产品、用户数据库建设，提高数据采集、存储、管理、分析和运用能力"①，中央和地方各主要媒体一齐发力，开始了从"相加"到"相融"的加速跑，在内容、渠道、平台、经营、管理等方面加快推进深度融合，不断创新理念、整合资源、转型升级，探索出一条数字时代重塑媒体格局、重构发展模式的新路径。

自 2017 年以来，在内容建设与技术革新相互激发下，主流媒体以"互联网＋"的形式实现了对传统媒体价值链的重构，媒体融合取得了显著成果。一批形态多样、手段先进、具有竞争力的新型主流媒体先后涌现，一批拥有强大实力和传播力、公信力、影响力的新型媒体集团粗具雏形。《媒体融合蓝皮书：中国媒体融合发展报告（2017—2018）》认为，从 2017 年媒体融合发展进程来看，"移动优先"成为共识，部分媒体的纸质版被关闭，以客户端为主打的移动版上线升级。"算法推送"受到关注，对"算法＋"技术下的用户精准画像成为普遍追求，媒体与用户之间交互升级。"内容厨房"纷纷改良，通过流程再造和资源整合优化实现"内容＋"的战略调整和扩张。"智能革命"方兴未艾，人工智能走向前台，写稿机器人及 VR、AR、无人机等技术，深刻塑造了媒体融合的技术和产品路线②。

---

① 关于推动传统媒体和新兴媒体融合发展的指导意见．[EB/OL]．http://media. people. com. cn/GB/22114/387950/

② 邹佩．数字技术助推媒体融合纵深发展，媒体与产业融合成为新趋势．[OL]．http://www. sohu. com/a/303892679_419573

全国两会报道已将数字技术优化媒体的观念深入地灌输到了各级媒体的运营指导方案中。传播技术与报道模式进一步升级,通过技术升级带来的 5G、4K、AI 主播成为最大亮点。在报道形式上,直播、短视频、数据新闻、VR、H5 交互成为常态,VLOG 等新呈现形式亦引人关注。同时,中央媒体与地县媒体配合传播主流价值,传达地方声音;传统媒体和商业平台的合作创新两会报道方式,助推媒体深度融合。

三、从传播内容到传播渠道的汇流

"互联网+"的提出,对于传统媒体而言既是挑战也是机遇。挑战在于,媒体作为网络中的一个节点,在其他节点传播信息的洪流之下,即便传统媒体保持了传统的专业、优质化的内容生产方式,也难以保证内容产品在信息洪流的冲击之下不被埋没。传统媒体必须在失去刊号、牌照所保证的传播渠道垄断优势后,继续参与传播渠道的竞争。究其关键,在于从"传播内容"向"传播渠道"汇流的媒体运营思路的转变。

媒体在着力做好精品内容之外,开始强化全媒体运作意识,有机整合媒体机构内部的传播渠道。对于传统媒体而言,优质新闻素材的潜力可否得到最大化开发,关键在于传统媒体能否整合多条传播渠道,以融合发挥彼此在传播能力及技术上具有的特定优势。凭借整合型传播,在形成受众注意力优势的基础上,促进传统媒体的组织融合进程,引导培养业务、技能趋于多元化的新一代记者和编辑,同时推动媒体架构的结构性融合,创新化地改善传统传媒系统的内部结构及运作方式。

以央视财经的《厉害了我的国》为例,2017 年 10 月 1 日国庆节当天,央视财经联手腾讯地图共同推出了全媒体产品《厉害了我的国》,该产品横跨了图文稿件、H5 产品、视屏展播、网络直播四种核心化的媒体表达形式。在图文稿件方面,央视财经共发布相关稿件 295 条,阅读量超过 1.63 亿,央视财经主持的微博话题词"厉害了我的国"阅读量总计 4.1 亿。天安门升旗仪式单条微博 4921 万次观看量,获得 43 万点赞、14 万转发、4 万评论,成为国庆节当天点击量最高的微博。

在 H5 产品方面,央视财经推出的《十一国庆,祝福有我》H5 的设计风格十分简洁,运用了雄鸡地图、中国结、天安门、烟花等各种中国特色的元素,在爱国这一全体中华民族共同的主题之下,呈现了全国各地网友为国庆送祝福的宏大场面。除了在设计上的用心雕琢,网友为国庆送祝福的参与方式也十分简便,只需点开 H5 并下拉页面,点击"我也参加"就可以为国庆送上自己的一份专属祝福,而所有祝福也会同时汇聚到一张带有中国结的红色地图上,并呈现出送祝福的总人数以及各省送祝福的实时排名①。在视屏展播方面,从 4 月 10 日开始就启动配合纪录片《辉煌中国》的新媒体宣推活动《厉害了我的国》系列新媒体产品。4 月 10 日开启"厉害了我的国"主题标识票选活动,于 5 月 20 日实施"全民开拍啦"项目,发起纪录片内容众筹,于 6 月 22 日正式启动"全民开拍啦"纪录片众筹视频展播,于 7 月 22 日举办人气视频月度评选,为《辉煌中国》片名首次亮相开展线上直播活动,于 8 月 20 日开始推进"解密纪录片《辉煌中国》"的活动,并运营相关的主题 MV、游戏、校园跑、K 歌等子活动项目,

---

① 东方资讯. 腾讯地图联合央视财经为祖国送祝福,16 个小时参与人数超过 1000 万. [OL]. http://mini. eastday. com/a/171002171656366. html

于 9 月 16 日正式开启《辉煌中国》播出启动仪式,全网同步网络直播。在直播方面,央视财经新媒体围绕"十一特别厉害大直播"在三十家直播平台上推出 16 个小时大直播,从早上五点半国旗升起开始,到晚上 33 个城市上演璀璨灯光秀,推出网络直播五场,总计累计观看量 9178 万次。在保证时间连续性的基础上,延伸空间层面的媒体触角,与人民日报客户端、央视网、网易新闻、腾讯新闻、新浪微博、今日头条、bilibili 等知名的传统媒体及互联网企业建立联系,共同打通网络直播矩阵,从时间与空间两个维度上确保全媒体产品中的直播区块实现最大化效益。

　　媒体融合对于传播链路进行了优化,即"一种业务在不同平台上运行,实行共同管理,通过多种媒体推出广告,并且共享新闻的生产"①。媒体机构通过与其他行业建立战略合作关系,明确特定内容产品的业务分工,以最大程度地优化传播链路的各个节点。在党的十九大即将召开之际,新华社联合 ofo 小黄车推出"点赞十九大,中国强起来"系列公益活动。用户可扫描 ofo 小黄车二维码参与活动,收听文体明星音频,在骑行中为十九大送上祝福。新华社在自身主导活动策划方案的基础上与 ofo 建立合作关系,将注意力资源的挖掘点由新闻媒介的用户圈层向交通中介的用户圈层横向延伸。由于用户参与点赞活动属于对扫码用车的伴随性行为,极低的参与成本保证了传播效果。

---

　　① 陈映.媒介融合概念的解析与层次[J].北京邮电大学学报(社会科学版),2014,16(01):1-7.

第五章　中国媒体汇流创新力
——技术融合

媒介的变迁是技术推动的，从时代进步的角度来看，每个媒体时代都由其主导的技术范式所驱动演进，传统媒体当下面临的挑战也是行业演进的自然规律。全媒体时代媒体的演进逻辑有了新的思路：新技术的出现，丰富了媒体的表现形式，新的媒体形式又影响了用户的媒介接触行为，用户媒介使用的变化进而影响了消费市场，从而引起媒体产业的重构。对于媒体融合的研究，也由此分为三个方面——技术驱动研究、应用市场研究、产业生产研究。

第一节　移动互联网技术融合交互界面

在传统媒体时代，用户的媒介接触主要通过阅读报纸、杂志，收听广播，观看电视来实现。互联网出现后，网络技术使电脑屏幕成为媒体用户的交互界面。中国传统媒体对于网络的态度，也走过了两个极端。在网络刚出现时，传统媒体以"上网"为时尚，将自己的内容资源以低廉的价格：甚至免费供给网络。待缺乏内容生产能力的新浪、搜狐"集天下媒体之大成"，传统媒体才试图"亡羊补牢"，提出对供给网络媒体的内容资源收费。2005年，中国传统媒体发起对网络的挑战。2005年11月，中国都市报研究会总编辑年会发表《南京宣言》,向全国报业同行发出呼吁,要求:"坚决维护报纸的新闻知识产权。全国报界应当联合起来,积极运用法律武器,加强知识产权保护,维护自身合法利益,改变新闻产品被商业网站无偿或廉价使用的现状。"2006 年 1 月,解放日报集团向全国所有 39 家报业集团发出《全国报业内容联盟的倡议书》,倡议成立报纸的"内容同盟",提出建立判断机制和定价机制,集体向网络媒体收费。此举被网络专家称为"传统媒体与网络媒体的分庭抗礼""传统媒体对网络媒体的打压"。此时的互联网仅仅能够进行资讯的浏览和简单的评论,只是相当于把报纸、杂志、广播电视等传统媒体形式整合在了网上,人们仍然需要在固定的地方使用固定的工具使用媒介。但从这时候开始,互联网已经开始成为新的媒体形式,并进入了飞速发展期。

门户网站的格局才刚形成,随着智能手机性能和内存的提升、3G 和 4G 网络的推广和提速,移动互联网便发展了起来。移动互联网的发展普及,迅速抢占了 PC 的地位,其产品的丰富程度、互动体验的多样化、传播效果的广泛性,使其成为人们媒介接触、社会交往的最主要界面。根据中国互联网络信息中心(CNNIC)于 2018 年 8 月 20 日发布的第 42 次《中国互联网络发展状况统计报告》,截至 2018 年 6 月,我国手机网民规模达 7.88亿,网民中使用手机上网的比例达 98.3%。智能手机、平板电脑、电子阅读器这类移动化、轻量化的阅读载体颠覆了传统用户的阅读模式。过去被广播电视节目固定的节目时间表和定期发行的报纸培养的整块、规律的阅读习惯已经被取代,碎片化的小屏个性化阅读模式成为主流。移动互联网对于用户阅读模式的颠覆主要体现在三个方面:载体轻量化、形式多元化和内容碎片化。

一、载体轻量化

移动互联网的发展史其实就是智能手机的成长史。在 2007 年以前，手机经过了多年的发展，诸如诺基亚、摩托罗拉、三星、索爱、黑莓等各手机厂商都确定了自己的风格，并在各自的市场上纵横捭阖。当时的手机更多只是作为功能机来使用。以塞班系统和诺基亚最辉煌的诺基亚 N95 为例，它集成了音乐、拍照、智能、互联网、蓝牙等多种功能，GPS 导航功能的加入更使得 N95 成为当时的"明星之作"。乔布斯在 2007 年 1 月推出的 iPhone 开启了智能手机的时代，iPhone 颠覆了整个手机市场，手机进入了一个新的时代。iPhone 的出现使得手指触控的概念开始真正进入人们的生活，iOS 创新地将移动电话、可触摸宽屏、网页浏览、手机游戏、手机地图等功能融合，开创了手机系统的新生态。2008 年 7 月 11 日，iPhone3G 正式发售，同时苹果发布了其应用商店 App Store。同年 10 月，Google 与 HTC 合作推出了基于谷歌 Android 操作系统的 G1 手机，开创了 iOS 与 Android 两大移动操作系统阵营。自此以后，伴随着移动终端价格和网络资费的下降、移动网络速度的提升，以及 wifi 的广泛铺设，移动网民呈现爆发趋势，移动互联网时代来临。

不同于 PC 互联网时代，轻量化的阅读载体让媒体的使用能够融入人们的日常生活中。以往，无论是传统的报纸、杂志阅读，还是通过个人电脑上网，用户都需要一个相对长的时间段，在一个相对固定的位置才能进行阅读，场景成为用户进行阅读的重要制约因素。同时，用户只能随身携带少量的书籍，也限制了阅读的广泛性。而智能手机、平板电脑和电子阅读器轻巧便携,用户可以随时打开存储在设备中的内容或是通过互联网访问网上的内容进行资讯、书本阅读。在不同的场景下,如果用户需要获取某些信息,则可以进行即时的搜索。轻量化的载体和移动互联网赋予了媒体进行场景化内容推送的能力,媒体逐渐向综合信息服务提供方转变。

从媒体与用户的互动来说,在传统媒体时代和 PC 互联网时代,如果用户需要发送反馈,则需要通过寄信或者写邮件、论坛、博客的方式进行。整个流程耗时较长且较为繁琐,互动的时间跨度也较长,用户与媒体、用户与作者、用户与用户之间的互动较为滞后。而轻量化的手机、平板电脑让媒体和用户都进入了"实时在线"的状态,双方可以利用碎片化的时间随时随地进行沟通和交流,重要信息、热点资讯都能通过推送即时到达用户,用户也能对内容资讯提供实时的反馈。

移动互联网时代,轻量化的阅读载体改变了媒体作为简单的新闻内容提供者的角色,媒体开始向综合服务提供者转变。用户与媒体之间的交互也更具有时效性,尤其是在热点事件的传播上,用户与媒体在微博、微信的协同工作极大地加快了热点舆情的传播能力,热点事件、重大新闻能更快、更广泛地触及更多的媒体用户。

二、形式多元化

移动互联网是互联网的延伸和新兴的蓝海。近年来,随着作为硬件载体的移动终端智能化,各种可穿戴设备的增加,通信系统设施的优化和完善,作为软件载体的 APP(Application 第三方智能手机应用程序)的丰富多样化,移动数字化的信息获取也在改变人们接触新闻的习惯。微信和微博已经成为主要的消息来源,由广大用户和自媒体构成的社交平台承担了重要的第一手信源的作用。同时新闻类 APP 也成为用户获取新闻资讯的重要入口,在移动终端上新闻阅读类应用具有较高用户忠诚度,用户使用频率和持有时间仅次于通讯应用。2018 德勤中国移动消费者调研《科技之巅——站在顶端的中国数字消费者》显示,中国用户使用手机进行内容消费的形式中,频次最高的为"看新闻"(至少每天一次的用户占比 64%),其次为"观看即时通讯上的视频"(至少每天一次的用户占比 59%),第三为"视频新闻"(至少每天一次的用户占比 54%),排名前三的内容消费形式中新闻消费占据两席①。除了社交媒体以外,新闻类 APP 为最重要的新闻资讯入口。这反映了移动互联网时代,在移动终端上进行新闻阅读,不管是文字或是视频新闻,已经成为用户生活中随时随地可能发生的行为习惯。在 2014 年《关于推动传统媒体和新兴媒体融合发展的指导意见》发布以来,传统媒体和互联网媒体融合进程加速,"两微一端"已经成了媒体的标配,其中的 App 新闻阅读正在成为用户获取信息的主要媒体平台。此外,VR 和 AR 技术兴起带来的 VR/AR 新闻,更是被称为下一代的新闻资讯入口,吸引着各大媒体。

2009 年 8 月,新浪微博诞生。微博是一种通过关注机制分享简短实时信息的广播式的社交网络平台。在早期,微博使用者在一系列的公共事件,特别是在重大事故中通过微博传递了及时有效的信息,使得相关的救助工作能够及时地开展,有效避免了伤亡,产生了非常大的社会影响力。随着微博用户的迅速

---

① 2018 德勤中国移动消费者调研《科技之巅——站在顶端的中国数字消费者》。

增加，微博在大众传播中的作用逐渐被放大和巩固，形成了较为稳固的用户群体。微博天生具有草根性，即门槛较低，给对不同话题感兴趣的用户提供了一个互动交流的平台，微博已经成了社会事件的重要第一手信源和舆论场域。移动互联网普及后，微博的传播时效性得到了进一步的增强，对于浅阅读用户而言，微博成为了解每天发生的热点新闻、娱乐资讯等各类信息的重要媒体平台。由于微博对于发言者的身份要求在各类传播形式中最低，且它对内容本身的价值、趣味、关联的重要性要求最高，所以也是各种传播形态中最看重内容本身的传播平台。也就是说，任何人，只要在微博上发布了具有重要新闻价值的信息，都可能成为当天的热点而登上热搜。当下各媒体平台都在微博建立了自己的官方账号，对热点进行追踪和跟进，并与用户进行实时互动，了解舆情的最新动向。

微信则是腾讯于 2011 年 1 月发布的一款手机应用软件。它可以方便地把手机联系人或 QQ 好友转化为微信好友，不仅能够与朋友分享好玩的图片、文字短信，让用户可以借助手机软件联网实现对讲，还有传输视频的功能。微信已成为后微博时代重要的社交工具之一。由于微信的传播是以相关或密切联系的人作为封闭环，个人多愿意把自己对日常生活和思想变化进行的个性化的记录和表达，以文字、语音，甚至是视频的形式直接传播给好友。所以，微信现在已逐渐成为人们的一种生活方式，融入人们的生活当中。对于传统媒体，微博和微信都提供了几乎零成本的入口。相对于传统媒体原有的采编发行生产链条而言，传统媒体进入微信公众平台进行信息传播的门槛十分之低，不论是对传统媒体还是消费者而言，微信都实现了近乎于零的成本。而且微信公众平台可以通过后台获取用户的基本信息,有利于传统媒体对用户进行有针对性的消息推送。此外,媒体还可以和用户互动,较微博而言能够更好地实现受众定位。

如果说微博和微信的媒体属性是其软件的公共性和社交属性带来的,新闻APP则是当下主流媒体力图抢占的制高点。不同于微信或者微博,新闻资讯类APP赋予了媒体基于自身特性进行针对性设计的能力,实质上相当于移动互联网端的报纸、杂志、广播和电视集大成的媒体平台,是综合性的信息资讯门户。2017年极光大数据发布的新闻类APP报告显示,当前的新闻类媒体主要以今日头条与腾讯新闻为主,渗透率分别为20.7%和19.8%,且腾讯新闻用户忠诚度最高,7日留存率在17年2月份达到76.3%,而今日头条以67.5%排名第二。此外,ZAKER新闻和凤凰新闻最受都市人群青睐,今日头条极速版和搜狐新闻则最受三四线城市居民喜爱①。而除了商业门户网站和新闻聚合平台以外,由传统媒体转变而来的综合新闻媒体,如人民日报、新华社、南方Plus和界面新闻等也在后期发力,以高质量的、稳定的内容输出成为重要的新闻资讯来源。处于不断创新变革、动态发展的移动互联网下,移动数字新闻类阅读应用多种多样,但市场格局已初步形成。移动资讯应用主要可以分为两类:综合类资讯应用和垂直类资讯应用。综合类资讯应用中,腾讯新闻和今日头条的竞争优势明显,人民日报、凤凰新闻等传统媒体也正在蓬勃发展;而垂直类资讯应用则以各自的内容类型吸引不同的用户群体,具有代表性的有虎扑、汽车之家、懂球帝、金融界、36氪等。

---

① 极光大数据:《2017新闻资讯类APP研究报告》。

三、内容碎片化

数字出版在内容生产和信息传播方式上的变革，体现在内容的碎片化趋势。轻量化的阅读载体在带来移动的阅读体验的同时，也变革了内容的阅读模式。当人们从整段的阅读向碎片化阅读变迁时，内容本身也需要适应用户碎片化的阅读习惯。

互联网的内容连接基础是超链接，数字出版技术也是通过超链接把零散的网络内容连接起来，个体在这些海量的信息中心穿梭遨游时，往往会忘记其原本的阅读目的和主题，过量的零散信息的整合带来的不是完整而连贯的逻辑，而是碎片化的跳跃式思考。为了在纷繁浩杂的网络世界找到所需的内容，数字出版提供了内容的检索，检索的方式主要是关键词查找。关键词查找是对内容的提炼和精简，提炼的过程也是把完整的信息切分成碎片的过程，随着人们对检索功能的熟悉和广泛使用，这种关键词提炼的思维方式也在影响着人们对问题的思考。

数字出版物的消费模式也使得数字化的产品有了更明显的商品属性，而其精神内涵则被淡化，近年来火热的知识经济则说明了这一点——人们在媒体不断贩卖的焦虑下有了更强烈的自我提升的欲望，知识经济则通过每日的碎片化知识内容缓解着人们的焦虑。朋友圈充斥的看似合理的各类知识实际上也是碎片化的内容，通过几分钟的阅读给人带来启发，但这种即时的自我提升很难像过去的阅读那样给人带来连贯且有深度的思维模式，不同观点的冲突反倒加剧了人的焦虑。在消费数字出版内容时，传统出版物所带来的连贯的阅读体验被切割，过去单纯基于文字而不断深入的思考被随时介入的视听符号打断，沉浸式的阅读体验被削弱。在碎片化的阅读模式下，内容的思考价值被弱化,取而代之的是其作为分享价值的符号意指,用户通过分享所阅读的内容来标榜自身,为自己打上各类的知识标签。

多元的个性化定制内容,也淡化了精神内容的内在联系,在各类的自我标榜中消弭着内容创作者的个性。最典型的代表是音乐产品。在过去,音乐人发布的专辑往往有一个核心的创作主题,而该专辑的每一首歌曲也都围绕着这一主题或情绪所创作,用户对专辑的认知往往优先于对其中某一首歌曲的认知,用户也通过欣赏完整的专辑来感受不同音乐人的不同情感。而在数字音乐时代,每张专辑往往只会有一两首爆款歌曲,大众也只会选择这些爆款歌曲进行消费。表面上看,这是尊重了消费者的个性,实际上在群体压力和个性化推荐算法的协同作用下,产生的是更隐含的从众行为。在这样的市场环境下,创作者不需要花费大的精力去用心制作一张专辑,紧跟热点发单曲则是更快速的变现路径。

在这里能看到全媒体演进的缩影:技术的变迁培养了用户的碎片化消费模式,而用户的碎片化消费进一步改变了内容的生产模式,传播的格局在技术范式的主导下发生着剧烈的变动。

第二节 云计算重塑媒体云生态

舍恩伯格曾在《大数据时代》中前瞻性地指出:大数据带来的信息风暴正在变革我们的生活、工作和思维,大数据开启了一次重大的时代转型,并将带来新时代的思维变革、商业变革和管理变革。在数据量暴增的背景下,云计算技术作为一种面向"大用户""大数据""大系统"的新技术理念,创新性地将大量计算资源组织在一起,并通过"机器管理机器"的自动化管理办法,实现了对大量数据的高效处理。而云计算的出现也重塑了媒体的内容制作和分发形态，以《人民日报》为首的各级媒体都开始采用"中央厨房"的形式来进行新闻生产。

从概念兴起到被公众熟知、再到获得认可，云计算经历了几个发展阶段。从 2009 年到 2018 年，云计算产业共经历了三个发展阶段。在 2010 年之前，公众初步了解云计算概念，云计算架构初步落地。在 2013 年左右，云计算的概念逐渐被更多的人所熟知，公有云、私有云、混合云的模式也逐渐清晰起来。从 2013 年到现在，云计算进入了高速发展阶段，产业规模不断扩大，一些企业开始积极研究云技术，并有力地推动云技术投入实际应用。2009 年时，我国云计算的产业规模仅为 249 亿，到 2018 年时，我国云计算的产业规模已经达到了 2400 亿，整个产业规模增长了近 10 倍。根据工信部编制的《云计算发展三年行动计划(2017—2019)》，到 2019 年，我国的云计算产业规模将从 2015 年的 1500 亿元扩大至 4300 亿元，云计算市场前景看好，但与之伴随的信息安全问题、个人隐私问题、社会信用问题等，也成为制约云计算产业发展的重要因素。

云计算的定义最早由 Gartner 公司提出，Gartner 公司把云计算定义为："一种计算方式，能通过 Internet 技术将可扩展的和弹性的 IT 能力作为服务交付给外部用户。"之后 Forrester Research 公司将云计算定义为："一种标准化的 IT 性能(服务、软件或基础设施)，以按使用付费和自助服务方式，通过 Internet 技术进行交付。"该定义被业界广泛接受，它是由美国国家标准与技术研究院(NIST)制定的。早在 2009 年，NIST 就公布了其对云计算的原始定义，随后在 2011 年 9 月，根据进一步评审和企业意见，发布了修改版定义："云计算是一种模型，可以实现随时随地、便捷地、按需地从可配置计算资源共享池中获取所需的资源(例如:网络、服务器、存储、应用程序及服务),资源可以快速供给和释放,使管理的工作量和服务提供者的介入降低至最少。这种云模型由五个基本特征、三种服务模型和四种部署模型构成。"更简洁地来说,云计算就是分布式计算的一种特殊形式,它把所有的计算资源集合在云端,通过资源的快速重组配置来为远程用户提供可扩展和可计量的资源。

云计算的蓬勃发展,让我们看到了媒体融合的新的曙光,全新的业务流程正在逐渐明晰。融合媒体的核心实质,在于四个方面:一、以内容竞争为核心。新型主流媒体需要"坚持文化自信,坚持新闻立媒",把握舆论引导主导权,抢占信息传播制高点;二、以适配组织结构为基础。云计算重塑了媒体的业务流程,新的业务流程也需要新组织结构的适配。媒体需要建设"中央厨房"的工作机制,打通采编资源,及时传递需求信息,及时发布定制产品;三、以新业务再造流程为依托。融合媒体时代,智能手机的普及使得新闻越来越具有时效性,"及时性"正在向"实时性""全时性"转变,传统的新闻生产流程已经不能满足多元化发展的需求。新技术的发展带来了融合汇聚、融合生产、融合发布、融合运营等流程的再造;四、以云计算为技术支持。云计算资源共享、弹性扩展、即开即用的特点,更好地满足和支持了融合媒体时代新业务的拓展需求。云端资源可以通过集约化管理、分配和维护,更好地保证资源的有效利用。此外,基于互联网的云计算,也更好地适配了融合媒体中的互联网业务。可以预见,在云传播时代,云服务将成为基础性的媒介产品,无处不在的"云"逐步成为人类生活的新环境,"云"和水、电、煤气一样逐步成为人类生活的必需品和基础设施,引发媒介、内容、渠道、平台和舆论格局的全面变革，将逐步形成一种新型的媒介生态——云生态。

一、云计算与内容生产

云计算提供的软件服务（SaaS）和平台服务（PaaS）日益成为基础性的内容制作媒介。对于媒介组织特别是传统媒介来说，无需自身开发和制作媒介产品，只需要接入云服务，就能获取内容生产所需的所有资讯以及生产工具。这种应用服务平台建设方式，能有效降低新媒体系统搭建的技术门槛，各类媒介组织只需专注于内容创造、应用模式创新和信息传播，将释放媒体的创新潜能，使各类新型传播媒介更快涌现。

《人民日报》的中央厨房内容生产及新媒体互动云就是在阿里云提供的新闻和节目制作云服务基础上搭建而成的。基于云服务，《人民日报》搭建了采编联动平台，包括全媒体编辑中心、采访中心和技术中心三个常设运行机构，在总编调度中心的指导下，进行全媒体新闻产品的生产加工，所有的产品直接进入后台新闻稿库。除此之外，为提升内容质量和产品的多样性，让媒体人的创意产生更大的内容价值，《人民日报》中央厨房创造性地建立了一条崭新业务线——融媒体工作室，鼓励报、网、端、微采编人员按兴趣组合、项目制施工，资源嫁接、跨界生产，充分释放全媒体内容生产能力，这也是中央厨房从重大事件报道迈入常态化运行的全新尝试。融媒体工作室允许记者编辑跨部门、跨媒体、跨地域和跨专业组织成为小规模的业务导向性团队，在云端进行直接合作。

阿里云提供的服务，使得中央厨房可以让所有的新闻线索、选题策划、传播效果、运营效果都有数据支撑。云计算为中央厨房提供了全网抓取的实时数据，全国各地发生的热点事件能即时地图式地进行呈现；新闻线索不再只是记者报题，也可以通过网络抓取、分析；通过传播效果评估、新媒体运营、新媒体追踪和用户画像，每篇稿件就有了实实在在的效果评估与反馈；通过数据分析，媒体可以深度了解用户阅读习惯和行为特征。中央厨房所有技术产品的所有功能都实现了移动化，既可以在中央厨房大厅进行使用，也可以通过电脑、Pad、手机进行使用，只要有网络就可以直接获取云端的计算资源，进行远程办公，通过"人机见面"完成部分工作。

除此之外，《人民日报》还致力于打造一个大开放、大协作的全新内容生态。《人民日报》中央厨房已经与河南日报、湖南日报、四川日报、上海报业、广州日报、深圳特区报等地方媒体建立战略合作，通过云平台分享内容、技术和传播模式，带动传统媒体利用大数据、云计算、数据可视化等新技术进行内容创新。通过云平台搭建的新媒体应用系统，可以实现中央厨房模式的快速复制，建设地方媒体的中小型厨房，并根据需要与人民日报中央厨房接通，实现内容协作、资源共享以及整合传播。

二、云计算与信息传播

云传播环境下，基础设施服务（IaaS）是基础性的传输媒介。基础设施服务由以基础设施为中心的信息技术资源组成，如硬件、网络和操作系统等基础的、原始的信息技术资源，云用户可以通过云服务的接口和工具访问和管理这些资源。

以湖南卫视跨年演唱会为例，2016 年湖南卫视跨年晚会的直播，芒果 TV 联合阿里云深度合作，把晚会最核心的直播和点播业务放到云端，构建混合视频云，在利用云计算上抢占先机。当大家在手机、Pad 上观看直播时，实际上大部分时间都在使用阿里云计算。芒果 TV 通过混合云的解决方案,解决了传统直播中 IT 资源的弹性难题,重新搭建了直播的业务系统,获得了比肩阿里"双 11"的技术能力。在视频直播中,很重要的一个环节是视频流的分发,也就是通常所说的 CDN。传统 CDN 服务商为了节省成本,通常会选用二等节点提供视频加速服务,阿里云 CDN 则选择使用骨干网、SSD 磁盘的一等节点保证服务质量。阿里云 CDN 超过 10000Gbps 的带宽吞吐能力也保障了视频业务无性能瓶颈。通过面向"大数据""大用户""大系统"的云计算架构,媒体打破了传统的广播式的信息传播方式,可以在传播过程中添加各类互动性的服务,有了无限的创新可能。

三、云计算与信息接收

传统模式下,媒介内容的发布和接收受到诸多限制,同一媒体只能面向同一媒介终端发布,如电视台面向电视终端发布内容,用户通过电视终端收受内容;报社通过报纸终端发布内容,读者通过报纸收受内容;新闻站点通过门户或客户端软件发布内容,用户通过浏览器或客户端收受内容。在云传播模式下,受众能借助云终端随时随地接受多媒体新闻信息,并能实现个性化信息接收。

云计算带来的强大计算能力,推动了智能手机、上网本、平板电脑、智能穿戴设备等新型媒体终端问世。特别是谷歌眼镜、苹果手表等智能穿戴设备正逐步成为重要的信息终端。这些不断涌现的媒体终端能为人们随时随地获取"云"中的媒介信息提供便利。随着无线通讯及移动计算技术的应用逐步普及,受众借助各类智能终端,能突破地域的限制,能实现随时随地互相接收信息,能有效提高大众传播的广度和便捷性。同时,受众可以根据自身的个性化需求,应用各类智能终端定制各类信息,能实现定时、定向的个性化传播。

第三节　5G物联网技术融合智慧媒体

一、5G技术发展脉络

　　媒体融合总是由媒体技术的进步所推进,从"建设全媒体平台"到"打造融媒体中央厨房",而5G技术的迅猛发展又带来了智媒体驱动的媒体形式,传媒生态又一次被颠覆,智能化、移动化和数据驱动的媒体新生态正在重构。

　　回顾媒体技术发展脉络,20世纪90年代,2G技术使得文字信息传输得以实现,短信和电话通信成为主流。3G的发展大大提高了文字和语音传输的效率,使得图片和视频传输成为可能,更多的交互行为产生了。而4G技术和强计算能力的移动终端,使得用户可以全时在线,用手机和平板电脑上网浏览各种文字和视频,并实时分享化,同时LBS技术也让互联网有了更多的连接人们日常生活的可能,信息开始呈现爆炸式的增长。预计到2021年,全球移动数据流量将达到40EB(EB,艾字节;在万进级计数法中,1EB=1024PB),其中视频流量占比78%[①]。用户海量的信息需求和新型信息传播手段的发展,已经让4G无法满足当前的信息传输需求,发展更高速、更低延时的通信技术成为现实的需求。

---

　　①　齐彦丽等:《融合移动边缘计算的未来5G移动通信网络》,《计算机研究与发展》,2018年第3期。

5G 技术有以下几个主要特点：一，频谱利用率高，高利用率的频谱增大了同等频段内的信息传输量，相当于扩宽了"信息高速公路"的通道，使更多的信息能同时进行传输；二，通信系统性能提升，通过新的硬件和协议，提高了系统的通信效率，实现更快的应答；三，确立了室内无线网络覆盖和业务模式，设计理念更为先进，网络铺设更密集，覆盖更广泛；四，新的设计减少了能耗和运营成本；五，在 5G 网络研发和建设时就优先考虑了用户的体验，真正投入商用后将为用户带来较大的体验提升。

在移动通信领域，我国经历了一段填补空白、奋起追赶的时期，终于在 5G 的研发赶上并处于世界领先地位。我国是较早启动 5G 研发的国家之一，2013 年 2 月，中国工业和信息化部、国家发展和改革委员会、科学技术部在原 IMT-Advanced 推进组的基础上，联合推动成立了 IMT-2020(5G)推进组，旨在推动 5G 研发、预标准化、频谱、技术方案评估和技术试验。这一组织已成为我国聚合移动通信领域产学研用力量、推动第五代移动通信技术研究、开展国际交流与合作的基础工作平台。2015 年 2 月，IMT-2020(5G)推进组发布了《5G 概念白皮书》，明确了 5G 技术的概念、应用场景、关键技术和技术路线等。2017 年底，在国际电信标准组织 3GPP RAN 第 78 次全体会议上，5G NR 首发版本正式冻结并发布，全球第一个可商用部署的 5G 标准就此诞生。中国在标准制定的过程中发挥引领作用，这意味着中国在 5G 发展中拥有领先的话语权[1]。

———————————

① 　新华网：《全球第一个 5G 标准完成并发布中国 5G 话语权大幅提升》，2017 年 12 月 22 日，http://www.xinhuanet.com/fortune/2017-12/22/c_1122149202.html。

　　根据《5G 概念白皮书》,5G 技术的关键能力比前几代移动通信更加丰富,用户体验速率、连接数密度、端到端时延、峰值速率和移动性等方面的性能都将有大幅提高。在 5G 使用场景下,我们至少可以期待以下几个方面的体验:第一,连续广域覆盖,即无缝的高速业务体验,做到在不同区域和高速移动过程中获得较高的移动网络速率。第二,在局部热点区域,如高铁站、密集住宅区等,享受极高的数据传输速率。第三,低功耗、大连接。第四,低时延、高可靠性,为用户提供毫秒级的端到端时延和接近 100% 的业务可靠性保证,实现"瞬时传输"的体验。①

二、5G 应用改变用户行为

　　在 5G 技术的推动下,媒体环境将进一步剧变,信息传播所需的时间被压缩,高速率、低时延带来的是近乎实时的信息传输。配合着云计算,用户与用户之间、用户与媒体平台之间、媒体平台与媒体平台之间的连接将更加紧密。可以预见,5G 媒体用户将拥有更多的选择和更丰富的体验,用户行为也将有新的特征。

　　第一,用户的上网时间将进一步延长。更高效的上网速度带来更清晰流畅的使用体验,让用户花费更多的时间上网。中国电信广州研究院于 2014 年所做的调查显示,4G 用户的上网黏性高于总体用户。79% 的 4G 用户表示每天都用手机上网,且上网时间均在 1 个小时以上,比包含非 4G 用户在内的总体数据高出 8%②。移动网络也为用户提供了获取新闻资讯的重要渠

---

　　①　IMT-2020(5G)推进组,《5G 概念白皮书》,2015 年 2 月。
　　②　王远华、刘胜强:《4G 用户移动互联网使用行为剖析》,《通信企业管理》,2015 年第 3 期,第 60-63 页。

道,2016 年中国互联网新闻用户统计调查显示有 61.9% 的网民在最近半年内每天上网看新闻,每周上网浏览新闻 2 次以上的网民占 82.5%。① 手机已成为人们日常生活中必不可少的工具,在购物、支付、交通、娱乐等各种场景中扮演重要的角色,每天在手机上花费大量的时间已经是大部分人习以为常的事实。2018 年 6 月,中国网民的人均周上网时长为 27.7 小时,平均每人每天上网近 4 小时②。在 5G 时代,用户不仅与其他用户和媒体进行交互,还通过移动终端与家里和周边环境的物体进行交互,"万物互联"在 5G 技术的加持下得以实现,移动互联网有了更丰富的线下场景,用户将投入更多时间来进行信息处理,上网时间进一步延长。

第二,碎片化阅读进一步增加,短视频成为主流。更高效的信息传输也带来了对更高信息利用效率的要求,直观精练的碎片化短视频很好地适应了 5G 传播场景的用户需求,从抖音、快手的迅猛发展,腾讯在短视频的大力布局就能一窥端倪。2016 年中国互联网新闻用户统计调查已经显示,单次浏览新闻在 30 分钟以内的网民比例高达 62.4%,其中 26.6% 的用户浏览时间在 10 分钟以内③。当信息的获取变得愈加便利,人们的时间也将会被更冗杂的信息进一步割裂,更多的碎片化信息带来的也

---

① 中国互联网络信息中心:《2016 年中国互联网新闻市场研究报告》,http://www. cnnic. cn/hlwfzyj/hlwxzbg/mtbg/201701/P020170112 309068736023. pdf。

② 中国互联网络信息中心:《第 42 次中国互联网络发展状况统计调查》,2018 年 7 月。

③ 中国互联网络信息中心:《2016 年中国互联网新闻市场研究报告》,2017 年 1 月,http://www. cnnic. cn/hlwfzyj/hlwxzbg/mtbg/201701/P020170112309068736023. pdf。

是碎片化的阅读行为,因此,单一的文字信息由于单位屏幕面积内的信息量过少、阅读速度较慢,将无法满足人们的阅读需求,文字＋声音＋视频图像结合的短视频可以预见将成为主流。2017 年,网络视频类应用迅速崛起,使用短视频应用的网民比例达 74.1％,网络直播用户规模达 4.25 亿,用户使用率为 53.0％。视频市场的热闹与喧嚣向我们证明,在硬件条件允许的情况下,包含更多信息量的传播内容将吸引更多眼球。而在追逐更碎片化的高效信息的同时,在 5G 技术解决了视频加载时长和流量资费的问题后,也为清晰度更高、时长更长(10 分钟以上)的中长视频内容提供了生存发展的空间。总的来说,即碎片化的内容进一步打碎,长视频压缩为中长视频,在 5G 时代,所有的信息传输将更为高效。

第三,社交将具有更多玩法。一方面,社交平台已成为新闻资讯传播的重要途径,"两微一端"成为新闻媒体的标配,通过社交平台传递信息的方式被广泛接受。另一方面,社交平台也是用户获取信息的方式,社交应用用户的使用目的集中在"和朋友互动,增进和朋友之间的感情""关注及获取感兴趣的内容""及时了解新闻热点"这三个方面,网络社交用户与网络新闻用户有着极高的重合度(45％左右),23.3％的网络社交用户是重度网络新闻用户,22.4％的用户是轻度网络新闻用户[①]。当 5G 在技术层面进一步打破人与人之间的壁垒,分享和发送变得迅捷,这将进一步激发新媒体用户的社交意识,转发和分享的行为会更

---

① 中国互联网络信息中心:《2016 年中国社交应用用户行为研究报告》,2017 年 2 月,http://www.cnnic.cn/hlwfzyj/hlwxzbg/sqbg/201712/P020180103485975797840.pdf.

为频繁。

三、5G 物联网技术打造智慧媒体

移动互联网时代给新闻业带来的巨变还在进行中,然而智能家居已经宣布物联网的时代到来了。所谓物联网,是万物相连的互联网。在物联网时代,包含数十亿个传感器、应用程序、安全系统、健康监视器、智能手机、智能手表、无人驾驶汽车等设备进入人们的生活。据预测,未来 10 年还将有 90% 的终端需要连接进入物联网,而所有这些传感器、设备将产生海量无线通信需求,产生海量的内容。"物能产生内容"的物联网,其内容数量将无数倍于"只有人能产生内容"的互联网。

在这样一个智能时代,新闻业将再一次面临颠覆与重生。过去的媒体,其 I/O 端口是有限的,固定在报纸、广播、电视、手机等有限的媒介上播发,而物联网让信息传播拓展了新的疆界,每一个物体都可以成为信息的收集端和输出端,每一个智能机器都可能被媒体化,这就意味着未来"万物皆媒体,一切皆平台"。新闻工作者在收集信息和分发信息的时候面对的智能终端更加多样化,新闻会变得无处不在,呈现形式也将千变万化。

这将为新闻业带来两个显著的变化:一是 5G 让物联网生产数据的能力提升,新闻依靠捕捉海量数据,向快速和深度同时发展。当智能终端越来越多,推荐算法所能使用的数据也越来越多,越来越准确,并带来更多的新闻背景信息。当新闻发生的时候,受众不仅可以了解到事件,还可以了解事件发生时的天气状况、交通信息、人口流动信息等,使得收集极小范围内的信息成为可能。坐拥快速且精准的大量信息,未来的新闻报道不但会更加快速,而且更具深度。智能可穿戴设备的传感器还能成为

特定对象的信息采集工具,在探测人们观看某些内容时候的感受时,比单纯做一个问卷调查会更深刻、更准确地把握用户在一个特定的内容观看过程中间的各种表现,为内容生产提供重要的反馈依据。

二是5G推动人工智能发展,新闻业将实现"人机共生"。物联网催生出一系列智能终端,5G让终端与网络之间高速顺畅地衔接、配合,这些终端将不再仅仅是一个输出平台,而能介入内容生产领域。2017年8月8日,仅在四川九寨沟地震发生后的25秒,中国地震台网机器人自动编写稿件已经完成并向媒体推送,内容包括速报参数、震中地形、热力人口、周边村镇等,并且包含4张相关图片。除了对此次地震的详细原因分析,所有新闻元素在这篇报道里可谓一应俱全。25秒,人类或许还处在惊愕中,机器人已经完成了数据挖掘、数据分析、自动写稿的全过程,并通过各个平台发送给亿万人。可以说,代表未来的人工智能已经渗透到媒体业和我们的日常生活中来。有数据显示,2016年第一季度腾讯财经新闻的机器写作报告的数量为400篇,而到第三季度报道数量达到4万篇[1],人工智能写作的发展突飞猛进。当整个新闻业与人工智能结合在一起时,未来的新闻写作会变成一种人机合一的写作体系,物体产生内容、机器帮助我们发现选题、拓展广度、提炼规律、预判内容的传播效果,而人类记者将从简单机械的业务中解放出来,变身为思想者、创意者,更多地深耕有深度、有观点、有分析的作品。

---

① 彭兰:《我们即将面临"万物皆媒、人机共生"的智媒时代》,http://sike.news.cn/statics/sike/posts/2016/11/219509602.html。

第六章　中国媒体汇流驱动力
——应用融合

在"技术—应用—产业"三个层面中,应用层是承上启下的层面,其融合既是以技术融合为基础,也直接导致了传媒产业的融合。媒体的应用,对于受众来说,不再是简单的传受关系,而是如传播学者丹尼斯·麦奎尔指出:"所谓被动的接受者、消费者或目标对象,这些典型的手中角色将会终止,取而代之的将是下列各种角色中的任何一个:搜寻者(seeker)、咨询者(consultant)、浏览者(browser)、反馈者(respondent)、对话者(interlocutor)、交谈者(conversationalist)。"①用户在媒体应用中,将以移动化的方式获得本地化的服务,并以分享的手段寻找共鸣。由此,传统媒体的"四力"要求(传播力、引导力、影响力、公信力),将发展为新时代的"四全"要求(全程媒体、全息媒体、全员媒体、全效媒体),进而形成了新时代特有的媒体融合的应用评价体系。

第一节　应用融合的 SOLOMO 特征

"SoLoMo"指的是"Socia(社交的)""Local(本地的)"以及

---

①　丹尼斯·麦奎尔. 受众分析[M]. 刘艳楠、李颖、杨振荣译. 北京:中国人民大学出版社,2007.158.

"Mobile"（移动的），这三个单词精准描述了互联网发展的趋势。"SoLoMo"概括了互联网能够满足的人们的三大核心需求，"Social"是人类社会得以生存发展的基础，互联网重构了现实的社会关系，并将持续介入人们的社交场景；"Mobile"是基础，移动互联网的发展使用户摆脱了只能在 PC 面前使用网络的束缚，移动设备强大的计算能力和实时性、个人化的信息传输功能，让互联网融入人们日常生活有了更多的想象空间；"Local"是本地服务，互联网应用从各方面贴近用户的日常生活场景，提供本地化的生活、生产服务，通过高效的信息存储、处理、分发，增强社会信息传输能力，提高社会运转效率。

一、分享为核心的社交化（SOCIAL）

"Social"即社交，人从猿人时期开始就是群居的物种，是天生的社会性动物。相较于其他食物链顶端的物种，人类没有强壮的体魄，但拥有开发程度最高的大脑，可以通过分工协作来实现个人难以实现的目标，扩大人类的群落。在这样的分工协作中产生了社会，个人在社会参与中认识和实现自我，而社会参与行为都属于社交行为。以往的通信受到信息传递工具的实体限制，具有时空的局限性，互联网的出现打破了信息传输的时空局限，人类的社交可以突破地域的圈层，在更广阔的世界中寻找伙伴。在这样的新的社交行为中形成了网络社会，也重构了传统的社会关系。

随着互联网技术的发展，传统媒体形式都经过互联网的改造，被赋予了新的表现形式：传统纸质出版阅读模式如报纸、杂志，走向基于互联网技术的数字出版阅读模式，个性化、碎片化的阅读模式成为主流，同时有大量数字阅读 App 涌现；传统的广播经过诸如喜马拉雅听书、荔枝 FM 等电台类 APP,被赋予了车载场景以外的使用场景,并且成为知识学习的重要渠道;电视这种时效性、交互性相对来说较差的形式,被互联网再次赋能,发展为直播、短视频、网络综艺等表现形式。这些传统的媒体形式被重新在互联网上呈现后,又随着社交关系在互联网上进一步延伸,以分享为核心的社交成了用户媒介选择性接触行为的重要特点。

以数字社交阅读为例。数字社交化阅读是基于数字技术、以读者为核心,注重阅读过程中的分享与互动的一种阅读方式;与传统书籍阅读不同,社会化阅读更加注重基于阅读的社交体验,提倡共同创造用户生成内容(UGC)、共同传播和价值共享,社会化阅读通过读者与读者、读者与作者等多方位的互动,实现阅读价值的无限放大。

戴维·哈维(David Harvey)在《后现代的状况》(The Condition of Postmodernity:An Enquiry into the Origins of Cultural Change)一书中提出了时空压缩理论。网络时代,互联网技术的影响使传播媒介在时间和空间两个维度上呈现许多新的变化。在时间维度上,时间是多个人碎片化时间的叠加,从而形成全部的时间;在空间维度上,距离和隔阂在不断淡化,不同地域空间的联系也大大加强。人们通过网络社交平台等虚拟社区空间,在不同的地域环境下进行同一个虚拟空间的交流,同时空间这个概念由物质上的空间转为虚拟的空间,人与人之间的心理空间距离随着语音通讯的发展而逐渐缩小。

"微信读书"作为数字社交化阅读的一个典型应用,以"社交体验+阅读体验"为产品的中心理念,充分体现数字阅读的社会化特征。其以手机微阅读、个性化推荐、社交化分享作为产品特色,读者可以对阅读的内容作出批注、推荐、收藏等操作,注重用户的社交体验。用户可以看到自己好友近期在阅览的书籍以及好友对书籍的评价,好友之间还可以点赞和评论,试读好友书架上的书或者在线购买并赠送书籍给好友。

数字社交化阅读在时间压缩上,表现为时间碎片化积累、个人时间增加、社会时间压缩三大特点。基于社交网络的数字社会化阅读 App,表现出的优势不仅在于书籍具有永久保留性,还体现在用户的阅读时间的碎片化,即"短时长,多频次"的阅读特征,呈现散而不完整的分布。对于阅读的刺激,"微信读书"App设立读书排名的功能,让用户读书时长进行积累,然后进行用户排名,这一功能刺激着用户读书的积极性,PK式的读书方式形成竞争乐趣,每阅读30分钟就可以兑换1枚书币,每周书币最多兑换10枚,这样的奖励机制又激励着用户去把握每天碎片的时间进行阅读。同时,"微信读书"设置"想法圈","想法圈"用于聚集好友们之间分享的阅读想法、评论与书评转发。除了时间碎片化的积累外,用户通过好友的分享获得书籍相关信息,从而进一步扩大自身的知识范围;朋友的书籍分享推荐帮助用户对书籍进行决策,缩短了用户的选择时间,提高了决策效率,从而节省了用户的个人自由时间,人与人交流所需的时间因此压缩。"微信读书"App的发现栏允许用户通过好友正在看的书籍以及共同阅读的书籍来对自己的阅读物选择做出参考,内容分享对于他人是否进一步详细阅读起到很大作用,同时好友们分享书评和想法一定程度上节省了用户的阅读时间。微信读书还推出了"FM42.3"栏目,以音频讲书的形式通过用户讲书分享来了解书籍的大致内容。社交化阅读中的好友之间的阅读分享使个人决策效率得到提高,从而个人自由时间得到增加,人际交往所花费的时间减少。

在空间压缩上,数字社交化阅读表现为个人虚拟空间的扩展和社会空间的解构与重构。社交化阅读 App 解决了书籍等传统纸质内容在传播过程中的传输和距离的问题。用户在同一个虚拟空间中可以在不同的地理位置进行无距离传输。在网络技术的推动下,现实地理空间的探讨转向虚拟空间,个人社交空间扩大。"微信读书"作为一款数字社会化阅读应用软件,具有开放和私密并存的属性,用户除了通过朋友的关系链来关注好友之外,还可以通过好友分享的书评和想法圈里的点赞及评论来认识好友关注的其他人,用户可以通过这个渠道,关注好友的互相关注用户,形成网络状的人脉圈;同时,好友也能够通过分享功能推荐自己的好友圈,关注用户的人数增加,互相关注的人数也随之增加,从而扩大个人虚拟社交空间。除了个人虚拟空间的扩大,社会空间也随着个人空间的构建而进行再解构与重组。社交化阅读 App 里,社交空间的建立带来商业空间的发展,而商业发展又促使社交空间解构,并重组形成一个新的体系,使其社交和商业相互融合。用户可以通过兑换的书币和充值的书币购买电子书籍,阅读空间不再单纯只有阅读功能,商业模式的加入使其空间得到解构。同时,用户通过"买一送一"和"赠一得一"等形式,将购买的书籍赠送好友来进行互动,个人的社交互动得到加强,同时社交空间和商业空间又得到融合,社交和商业相互作用。

以分享为核心的社交化,是应用融合的特征之一。相同兴趣的不同用户,通过媒体应用融合在一起,促进了传播效率的提升。

二、用户为核心的移动化(MOBILE)

"Mobile"(移动化)的本质是通过便携式设备和移动互联网

络来提供高效和便捷信息传输。移动互联网强大的信息传输能力，使得社会的信息传达更加精准而高效，通过终端设备的点对点传输，信息生产者能精确地分发所生产的内容，而信息接受者也能随时随地接收到所需要的内容。在摆脱了固定终端的束缚后，互联网的移动化趋势也从根本上改变了互联网诞生之初所能承载的功能——只要用户有可以进行信息传输的移动设备，就可以保持实时在线，这意味着用户可以在大量的碎片时间使用互联网进行信息接受和传递。这也是移动互联网信息最大的特征：碎片化和强交互。在移动互联网时代，在争夺用户在碎片化的信息使用场景下的信息使用时长的赛道上，除了媒体以外，还有大量的互联网公司，用户成为真正的核心。

移动互联网用户阅读习惯和市场竞争环境的转变，反过来推动了融合媒体重塑其内容的表达，相比于过去重内容、轻形式的内容，注意力经济时代的内容更注重用户的阅读体验。更活泼、更接地气的视听内容和更贴心的个性化推荐内容，更容易得到曝光和广泛传播。通过标题的话题性、内容的叙事性设计，社交媒体内容的沉浸感隐含在了这种图文声像的结合中，用户在阅读的时候，更容易融入内容本身。除此之外，为了在碎片化的阅读中获得沉浸式的体验，阅读过程中的感官和认知体验尤为重要，合理的排版、舒服的字体、精美的图片可以提升用户的阅读意愿、提高用户的阅读体验。模式化的内容设计也便于用户在短暂的碎片时间获取内容的核心思想，形成自己的思考。

移动互联网的出现，赋予了用户自主生产和传播信息的能力，进一步逐渐形成了基于兴趣的网络社会群体，并逐渐产生了社交媒体的概念。社交媒体是一种用来进行社会互动的媒体，主流的社交媒体有 QQ、微博、微信、Facebook 等，而随着人们社交需求的多样化,社交媒体被进一步细分,出现了像 Instagram、Snapchat、Pinterest 等以图片分享为主的社交媒体,以及以短视频为主的抖音、快手,即便不是以社交为主的生活类 App,如大众点评等生活资讯应用,都加入了社交的功能,社交逐渐融入了移动互联网的大多数场景中,并融合着用户群落。

社交媒体的出现抢占了传统媒体的传播渠道,拥有自主选择权的用户更愿意通过移动社交媒体应用来了解最新的新闻资讯,用户分发很大程度上决定了内容传播的广泛程度,网络传播逐步成为媒体融合传播中最重要的传播形式。而社交媒体的商业属性又决定了,只有用户阅读并且愿意传播的内容才能得到更多的青睐。为了获取用户的注意力,当前移动社交媒体的内容多被娱乐代替舆情、以迎合代替引导的泛娱乐化内容充斥,挤占了严肃新闻的传播渠道,一定程度上影响了社会的深度阅读和严肃思考。正如尼尔·波兹曼在《娱乐至死》中所说,一切公众话语、文化内容日渐以娱乐的方式出现,用户心甘情愿成为娱乐的附庸。

参与性作为人类群体性本能的体现,在移动社交媒体中尤为突出。移动社交媒体中的视听传播内容作为一种用户高度参与的内容,具有强烈的富社交临场感。相较于严肃的新闻内容平台,用户更倾向于选择更轻度、更具有参与感的微博平台来了解和参与热点事件和娱乐八卦。在参与娱乐化内容的过程中,用户不仅获取了资讯,同时也在分享和讨论的过程中创造娱乐化的内容。这种参与行为激发了用户的交互度和卷入度,同时也是用户自我疏解、自我展演的方式。

用户参与移动社交媒体还有一个很重要的动机,是克服个人或群体的孤立。移动社交媒体打破了原本的地缘关系群落,用户基于兴趣爱好在网上寻找志同道合的个体或群体。社交化阅读即是微博、微信、网络社区等社交媒体得以互联互通的重要形式,让大量的议题、热点能够触达不同的用户,在这种双向选择、双向互动的过程中,打造出用户对于同一话题的心理联结和亲密关系。这种社交化传播带来的亲密感,促使用户把社交媒体圈子视为自身生活圈子的一部分,用户越来越愿意在社交媒体中展示自己的生活、想法和爱好,线上线下的边界逐渐消弭,虚拟与现实进一步交融。

移动化的趋势带来的结果是万物皆社交,通过社交的方式,激励用户参与到各类信息消费和分享,从而获得大量的曝光和流量,提升媒体的商业价值。

三、服务为核心的本地化(LOCAL)

尽管时代在不断变化,新闻媒体的形态也在随着技术的变迁而快速迭代,但是新闻媒体的功能和社会使命是不变的,即新闻的价值仍然在于为用户提供迅速、准确而丰富的信息。随着技术赋能用户,第一手信源往往是事件的参与者本身,新闻的读者和参与者角色逐渐融合,并且在参与的过程中推动新闻事件本身的发展。在这样的互动语境下,新闻媒体的角色逐渐开始与用户融合,在互动的过程中共同提升和实现自身的价值诉求。传统的单一传递资讯的逻辑被解构,新闻业逐渐转变为综合信息服务提供者,通过信息平台的搭建,连通生产者与消费者、企业与用户、个人与个人,以信息服务的形式实现媒体的价值。

随着现实社会的关系在虚拟世界不断完善,网络社会也已经与现实社会进行交融,成为社会的一部分。对于原生的互联网媒体应用而言,在经历了 APP 数量的野蛮增长、靠补贴开拓市场的初期竞争后,市场格局逐渐趋于稳定。根据 QuestMobile 发布的《2019 中国移动互联网半年大报告》,2019 年 Q2 用户规模单季度内下降近 200 万,中国移动互联网月度活跃设备规模触顶 11.4 亿,互联网用户增量减少,进入存量竞争时期。用户平均每天花在移动互联网上的时间近 6 小时,时长增速有所放缓。在存量竞争时期,如何基于现有的应用入口扩展更多的服务,介入更多的用户场景,就成了各大互联网公司都重点考虑的问题。

而对于传统媒体而言,在原有渠道优势丢失、体制僵化、人才流失的境遇下,其作为党和人民的喉舌,先天与政府机构、与人民的亲近性就成了其最大的优势。报纸、广播、电视等媒体都是按照县、市、省、国家级这样的层次层层划分,由各地宣传部门进行统一管理,掌握着大量的本地化信息,对本地的了解和当地居民的亲近和信任成了本地化服务的优势所在。

回到"SoLoMo"概念本身,"Local"作为本地服务,是互联网发展到一定程度向线下介入的必然趋势,也是产业互联网的发展核心。本地化服务的技术核心是 LBS 技术(Location Based Service,基于位置的服务),它通过电信移动运营商的无线电通讯网络或外部定位方式,来实时获取移动终端用户的位置信息,通过地理信息系统平台对用户提供基于位置的服务。LBS 技术记录了人类在真实生活中所产生的位移,通过位移所要达到的目的,都可以通过 LBS 应用,体现在虚拟的网络生活中。对于"基于位置的服务"来说,真正的核心还在服务。虚拟网络通过这些服务,可以反作用于真实的人类社会。虚拟世界毕竟无法真正的触及,对于用户来说,真实的生活体验反而更加重要。通过 LBS 技术,在虚拟网络世界建构现实世界的映射,提高现实世界的信息传输效率,用户通过本地化的位置信息服务,通过信息网络进行信息创造、分享和交流。地理位置只是链接线上线下的一种手段,单纯的位置信息并不能创造出任何有价值的东西,单纯的信息分享也无法建立更深层次的链接,很少真正触达现实生活。

LBS技术的发展和应用,真正让网络社会有了与现实链接并对现实产生影响的具体途径,线上线下将不再割裂,网络社会将以更纯粹和流畅的方式融入现实生活,成为现实生活的一部分。对于用户而言,仅仅记录到了哪里是不够的,更重要的是LBS技术能够扩展出多少本地化的服务,进而对用户的生活带来便捷。换言之,对LBS的理解,应该从"基于地理位置的信息服务"扩展到"地理位置信息能延伸出什么服务"。当前较为主流的LBS信息服务方式主要有社交、出行、外卖和新闻,但这仅仅只是最基础的应用,还较为简单和直接,今后的本地化服务还可以更多地挖掘出新的实现方式。例如通过与人工智能技术的结合,预测用户在当前的地理位置需要什么信息和服务,或是根据学习用户的行动路径来提前为用户规划之后的生活,这都具有很大的想象空间。

第二节 驱动汇流为四全媒体

一、媒体向"四全"方向汇流

无论新媒体还是传统媒体,在移动互联网时代对用户产生影响都要通过应用来实现。而应用的汇流需要引导和规范。由于传统媒体的新闻生产与传播机制已经难以适应媒体汇流发展的趋势,新媒体虽然依仗技术优势结构并重构了媒体格局,但优质内容的缺乏以及浓厚的商业属性也制约了其为社会服务的功能。我国媒体的发展需要融合传统媒体和新媒体的优势,这就需要一种统一的指导思想来作为纲领统帅和引领媒体发展,让传统媒体和新媒体在新的传播格局中都寻找到目标和自身的价值定位,寻找属于自己的媒介市场空间。在经过实践与理论的结合后,"四全媒体"概念顺势而生。

习近平总书记在主持中央政治局第十二次集体学习时提出了"四全媒体"的概念,即"全程媒体、全息媒体、全员媒体、全效媒体"。四全媒体,是对媒体融合发展提出的要求,也是对全媒体在四个维度上的阐释。王绍忠指出,四全媒体的提出是基于在新媒体发展初期[1],信息缺乏规范性,内容呈现随意、吸引眼球注重娱乐的特点,而如今其吸收了传统媒体的长处,需要更加具体的标准进行信息传播上的指导。我国的经济发展、人们的生活方式发生的变化、人际交往的变革促使"四全媒体"的提出。从经济层面来看,尤其是互联网经济的发展,互联网产业增多,参与人数逐渐增多,人们的权利与权益需要得到维护;从生活方式来看,移动通讯技术对于时空概念的颠覆,现实与虚拟时空的融合,网络社会的崛起,需要我们对于网络空间信息的传播也有具体的指导和规范;从人际交往上来看,人们发起网络社会动员,突发事件舆情进一步升级,也促使需要媒体发挥舆论领袖的作用,对于媒体在网络上的传播做出更加具体的要求。

新时代,任何事件都有可能经过裂变分享成为社会关注的

---

[1] 王绍忠　谢文博,《"四全"媒体是媒体融合发展的必然趋势》,吉林日报,2019 年

热点和敏感新闻。全程媒体,需要全方位、全流程关注与报道重大社会事件。全程媒体对媒体报道的速度提出了更高的要求,促使媒体做到同步记录、传输,新闻报道、信息传播无时不有,实现了信息或事件的全程记录。全程媒体让媒体的报道从及时到实时最后到全时,注重新闻报道的速度与新闻报道的完整性,需要对于一个新闻事件进行有头有尾的追踪报道。全程媒体的提出,其目的是在于进一步优化信息运作机制,落实信息生产的每一个环节以及信息生产内容上的完整性,同时也是对于媒体采编能力提出更高的标准,需要加快采编流程,促进信息生产流程更加优化,对于舆情事件迅速做出反应,并且进行持续关注,强调全时性推出更多的直播型报道。

全息媒体,则是在空间维度即报道的渠道提出更高的要求,采用物联网、多维成像等技术和大数据技术,做到物理空间智能仿真呈现度大幅提高,物理信息源的失真误差大幅减少,标准化、数据化记录,多角度、多方位再现。随着网络技术的发展,媒体的报道不再局限于报纸,而是延伸到多个端口,例如直播、H5以及 VR 新闻报道等,打破了原有的时空概念,将虚拟与现实融合。全息媒体的提出是为了全面提升视觉类产品供给能力,也就是说未来对于视觉类信息产品投放力度更大并且这类信息形式更加丰富多元,同时是对于移动端 5G 技术提出要求,更多的信息生产需要智能产品的使用,提升数据挖掘能力以及整合能力。

全员媒体,则是要求塑造传受一体化的产销者角色,媒体要强化大众参与感、体验感与社会责任感,鼓励用户参与到内容的生产、传播和再生产中来。全员媒体对信息传播和受众提出了要求,在自媒体时代受众角色发生改变,单向传播转化为多向互动,要求主流媒体在新闻报道上更加专业,提高全民媒介素养。全员媒体旨在让更多的人参与到新闻报道中,同时也对新闻报道起到监督的作用,人人对于事件具有话语权,人人也都是事件的传播者与接受者。全员媒体更加注重人人参与,这意味着需要有效地利用用户生产内容以及平台生产内容这些资源,让专业媒体机构带动人们进行信息内容的生产,同时提升自己信息内容的质量与资源优化,强调跨平台的资源融合。

全效媒体,则是追求传播效果的最大化和最优化,即提高传播的"性价比"。全效媒体对于媒介传播内容和技术上提出具体的要求,以多种媒体为载体,让报道更加的丰富立体,促进多种服务功能的融合,强调媒体传播效果应走向更全面,更有体验感以及获得感。全效媒体更讲求传播效果,对于不同的受众的媒介使用习惯和风格,进行对症下药,做到更加精准的传播,这就要求媒体更加清楚自己的受众群体是谁,这些受众在哪里,从而促进传播更加精准、高效。全效媒体强调信息生产需要以用户为中心,对于用户进行细化,做到信息传递的精确性和有效性,同时也意味着媒体的新闻生产需要优化自身的话语体系,让语言更加接地气,内容有趣且有意义。

"四全"媒体概念的提出,既综合了当前媒体发展的SOLOMO趋势,又是在中国特色社会主义的语境下,从新的视角对未来的媒体提出了基本规范。这一规范将长期作为媒体技术、管理和发展战略的基础指导思想,引导媒体作为信息枢纽驱动社会高效运转,成为社会发展的中坚力量。

二、汇流需要评价体系引导

媒体向"四全"方向汇流,需要根据习近平总书记对媒体融合发展的重要讲话精神,将媒体传播效果"四力"——传播力、引导力、影响力、公信力,与"四全"要求相对应,建立一套媒体融合的应用评价体系。基于四全媒体的视角,对媒体传播效果"四力"重新解读并且采用具体指标进行量化,将抽象的"四力"落实到"四全媒体"的四个评价维度中,将评估传播效果置于"大众媒体——互联网公众平台"的现代传播体系中,在理论层面进行全面创新。

这一媒体融合应用评价体系,应以用户为核心,商业与社会价值评价并重。在设立指标时,模型从用户数据角度出发进行思考,有助于打破传统媒体传者中心的思想,真正把用户放在媒体运营的核心地位。同时,基于媒体用户设立的指标,简化数据的采集,通用性较高。基于自身运营的需要,不管是各大互联网媒体平台还是传统媒体设立的融媒体平台,都积累了大量的用户数据,并且在自身的评价体系中也把用户作为重要的考量维度。大量的用户数据降低了媒体参与评价的门槛,但同时也会存在唯商业利益论的用户数据考量。这一评价体系,需要综合考虑媒体的商业价值和社会价值,评价标准应更公平公正全面。通过这一评价体系,不管是中央级媒体还是省市县的地方性媒体,都可以利用自身的用户数据进行传播效果评价,了解自身当前的发展水平,并且针对性地弥补自身在"四全"这四个维度的不足。

总体而言,我国新闻媒体还处在传统的产业格局中,其生存、发展与互联网信息技术的有效应用仍然存在着严重的不相适应。传统的传媒体制中,机构设置僵化、地方媒体各自为政,从中央到省、市、县,从党政系统到行业部门,分布着几千家各个类别的报社、杂志社、电台、电视台。由于自身体量过小,加上互联网媒体抢占了大量用户,许多传媒机构失去了赖以生存的广告来源,长期处于亏损状态,需要输血才能维持经营。在中央提出一系列鼓励扶持媒体融合的政策后，传统媒体的思维和僵化的机构设置仍然制约着媒体转型的步伐。

我国传媒行业这种现状，与融合媒体时代对媒体传播"垂直、多维、细分、融合"的技术特质和技术要求严重相悖。从网络传播视角出发设立的媒体传播效果评价模型，给传统媒体提供了解用户的全新视角，也给融媒体中心的建设提出了可参考的评价维度。传统媒体在建立融媒体中心时，通过分析结果，可以诊断出当前自身存在的问题，并且基于自身的短板优化机构和人员配置，取长补短，提高自身的综合竞争力。

第三节　媒体融合应用评价体系

传统媒体面临与新兴媒体融合发展的时代课题。同样，在建设新型主流媒体和现代传播体系过程中，传统的效果研究已经不能完全适应当前的传播格局。传统的媒体形式向融媒体转移，促使媒体传播效果的评估指标由原先基于电视、广播、报纸为媒介对于收视率、收听率、发行量等因素的评估，转向基于传统媒体与网络媒体相结合的融合媒体传播效果评估。

在融合传播时代，过去传统的评价指标已经无法准确刻画出融合媒体用户的媒介使用模式，过去的传播范式也在互联网技术的变革下开始了新的嬗变。同时，对于媒体传播的要求，也从基于"策划、编辑、审查、播出"的"四权"要求，转向基于"传播力、引导力、影响力、公信力"的"四力"建设，再到具体落实到"全程媒体、全息媒体、全效媒体、全员媒体"的"四全媒体"中来。"四全媒体"要求的提出，是在媒体融合实践后对"四力"建设的具体细化。在新的评价维度下，建立一套符合当今媒体传播格局的媒体传播效果评估体系,成为迫切的需求。

本书试图将媒体传播效果"四力"与"四全媒体"的特点相结合,对传播过程中的信息传播者、传播渠道、信息接受者这三个角度进行分析,从用户角度入手,基于不同信息传播渠道的特点,对传播者与接受者进行指标量化,建立媒体传播效果评估体系。

在评价方法层面,抽样调查成为主流的调查方法。上世纪30年代美国就开始采用抽样的方式进行收听率、收视率的调查。抽样的科学性以及单个样本的数据准确度对整体数据可靠性具有显著影响。伴随着BBC等媒体的发展,态度评价逐渐受到重视,开始探索使用"欣赏指数",将传播效果调查分为"行为评估"和"态度评估"两个维度。国内学者对于传播效果评价体系,作出了很多尝试,但对于相关评价体系尚未形成一套公认的评价机制,已有的对于媒体传播效果体系来看,其对象较为分散。华文将传播影响力从量化的角度来考察的,将媒介影响力的构成要素分为规模、时间、内容、方向和效果,有社会影响力和市场影响力之分,并提出了衡量媒介市场影响力的评价标准[①]。赵彤在基于传统的传播效果调查中行为评价和态度评价两个维度的基础上,研发了以传播力、引导力、影响力和信任度为基础的融合传播效果评价指标体系[②]。周勇和赵璇则采用基于向量自回归模型(VAR)的大数据分析,建立了新的融媒体环境下视听传播效果的评估体系,通过VAR模型和格兰杰因果关系检验、方差分析,对现有的效果评价维度和指标进行了显著性评估,从认

---

① 华文.媒介影响力经济探析[J].国际新闻界,2003(01):78-83.
② 赵彤.媒体融合传播效果评估的路径、模型与验证[J].新闻记者,2018(03):79-82.

知、情绪和行为建立了三级评价指标,并确定了各指标的权重[①]。郑丽勇在现有研究的基础上以广度、深度、强度、效度等四个因子建立了一套比较完整的媒介影响力评价指标体系,并提出媒介影响力指数 MII＝广度因子 WF＋深度因子 DF＋强度因子 SF＋效度因子 EF[②]。

总体而言,此领域的研究或是在理论层面提出了对媒体融合评价体系的理解,或是在具体的某个领域对媒体传播效果提出了量化指标,具有很强的参考价值,但缺乏对媒体融合传播效果的前瞻性认识,仍然具有较为明显的"传者中心论"思想,且通用性不强,应用范围较为狭窄。

习近平总书记在中共中央政治局第十二次集体学习时指出:全媒体不断发展,出现了全程媒体、全息媒体、全员媒体、全效媒体,信息无处不在、无所不及、无人不用,导致舆论生态、媒体格局、传播方式发生深刻变化。本书基于习近平总书记提出的"四全媒体"的新论述,结合媒体传播效果"四力",建立了系统的融合媒体传播效果评估体系量化指标模型,从四个维度来综合评估媒体的融合传播效果。

本模型的媒体融合传播效果得分计算公式如下:媒体传播效果指数＝A1 ＊ 影响力(全程)＋A2 ＊ 引导力(全息)＋A3 ＊ 影响力(全效)＋A4 ＊ 公信力(全员),其中 A1、A2、A3、A4 为四项指标的权重,并通过德尔菲法确定了各项权重均为 25％。具体

---

① 周勇,赵璇. 融媒体环境下视听传播效果评估的指标体系建构——基于 VAR 模型的大数据计算及分析[J]. 国际新闻界,2017,39(10):125-148.

② 郑丽勇,郑丹妮,赵纯. 媒介影响力评价指标体系研究[J]. 新闻大学,2010(01):121-126.

的评价指标如下表所示。

表 1 媒体传播效果评估模型指标

一级指标	二级指标	指标说明
全程	微信粉丝数	媒体在微信的粉丝数量
	微博粉丝数	媒体在微博的粉丝数量
	头条粉丝数	媒体在头条的粉丝数量
	客户端下载量	媒体平台的客户端下载量
全息	微信指数	媒体在评估时间段内的微信指数均值
	微博指数	媒体在评估时间段内的微博指数均值
	融媒体直播报道次数	媒体在评估时间段内开展的融媒体报道次数
	H5 内容参与度	媒体在评估时间段内制作的 H5 内容的用户参与量
	短视频内容点赞数	媒体在抖音平台发布内容的总点赞数
全效	微信端:日均阅读数	媒体在评估时间段内发布公众号内容的日均阅读数
	微信端:篇均阅读数	媒体在评估时间段内发布公众号内容的篇均阅读数
	微博端:发博数	媒体在评估时间段内的微博发布条数
	微博端:原创微博数	媒体在评估时间段内的原创微博发布数
	头条端:发文量	媒体在评估时间段内的头条文章发文量
	头条端:阅读量	媒体在评估时间段内发布文章的总阅读量
全员	微信端:篇均在看数	媒体在评估时间段内发布公众号内容的篇均在看数
	微博端:点赞数	媒体在评估时间段内发布微博的总点赞数
	微博端:转发数	媒体在评估时间段内发布微博的总转发数
	微博端:评论数	媒体在评估时间段内发布微博的总评论数
	头条端:评论数	媒体在评估时间段内发布头条文章的总评论数

本模型的具体指标设置主要从用户角度出发,选取了三大

互联网媒体平台——腾讯微信、新浪微博、今日头条的媒体数据作为量化指标，并结合媒体的自建客户端数据来全方位分析媒体传播效果。三大媒体平台的媒体用户指标权重基于其用户数来赋权。根据微信《2018 微信数据报告》、微博《2018 微博用户发展报告》《中国互联网发展报告 2018》，微信、微博和头条月活跃用户数分别为 10.82 亿、4.62 亿、2.78 亿；基于此用户数，计算出在三端评分中，微信占比 59.4%，微博占比 25.4%，头条占比 15.2%，依此赋权。

一、传播力：全程媒体

传播力包括传播的能力和传播的效力，是两者结合的有机统一体，即传播主体充分利用各种载体实现有效传播的能力。要实现有效传播，首先需要对事件进行全方位的跟进报道。全程媒体的提出为传播力提出了具体要求，即媒体在报道事件消息的过程中，需要从事件的开端到最终的结果都全程跟进，及时向公众发布事件的最新进展。要实现全程的传播，仅仅靠媒体单方面发布信息是不够的，全程的传播同样也需要用户对该媒体对某一项内容的报道有持续的关注。

在碎片化的移动互联网时代，用户每次的新闻阅读时间是零散而有限的。用户是否持续关注该媒体的内容，选择阅读该媒体的报道而不是其他媒体，很大程度上取决于用户的媒介使用方式——即用户是否关注了该媒体平台，获得其推送。

在当前的互联网平台中，微信、微博以及今日头条代表了三大主流的网络传播方式。微信上的媒体机构主要通过公众号来发布新闻资讯，而公众号的推送只有其关注用户才能接收到，属于强关系的内容平台，独立媒体平台属性明显。对于微信的用户而言,其用户也主要通过阅读其订阅的公众号来获取新闻内容。微博则更倾向于对热门新闻资讯通过热搜进行排行榜推荐,偏向于弱关系的模式,但其用户仍然可以通过关注博主来及时获取新闻推送。微博用户除了阅读热搜内容以外,也会主要阅读其关注博主发布的内容资讯。以今日头条为代表的个性化推荐新闻平台,基于单个用户的阅读习惯,通过机器学习来了解用户的喜好,并根据其喜好建立个性化的用户模型,结合新闻文本相关性分析,为用户智能推荐其可能喜欢的新闻资讯。而今日头条同样以粉丝数作为评价头条号的唯一指标,鼓励头条号管理者更多培养自身用户。

除了三大媒体平台以外,更多的传统媒体机构也开始逐渐搭建自身的新闻客户端。对于传统媒体机构而言,三大媒体平台是其发布内容的重要阵地,但仅仅通过商业公司搭建的平台构建自身的媒体矩阵,其逻辑会更偏向商业化,且难以形成品牌,媒体属性被相对淡化。新闻媒体除了有商业性以外,也具有一定的社会属性。媒体机构搭建自身的新闻客户端,有利于媒体根据自身的特性打造自身品牌。同时,自建的新闻客户端也能为媒体提供更精确的用户数据,了解其目标用户的特征,进一步进行内容以及形式上的优化,并且与用户开展更深入的互动。

基于此,全程媒体的评价指标为:全程媒体得分 $= 80\%$ $(59.4\%\ln(Wf+1)+25.4\%\ln(Bf+1)+15.2\%\ln(Tf+1))+$ $20\%\ln(10Kf+1)$

其中:Wf 为媒体的微信公众号粉丝数,Bf 为媒体的微博粉丝数,Tf 为媒体的头条号粉丝数,Kf 为媒体自建客户端下载量。

二、引导力:全息媒体

引导力包括带领力和指导力,主要通过具体新闻报道对公众舆论的方向起到引领示范作用,抵制谬误思想传播。要做到全方位的引领和指导舆论,需要通过多媒体、全渠道的覆盖,实现立体式的传播,让用户通过各个渠道都能看到相对完整的新闻。

全息媒体,即意味着传播突破了物理尺度,通过信息的数据化,内容呈现形式愈加多元。在媒体融合的时代,虽然大部分媒体都被统称为互联网媒体,但互联网仅仅只是一个底层的技术平台,在底层的平台上,又诞生出了短视频、H5、小程序、互动游戏、AR/VR/MR等多元化的传播呈现形式。不同的呈现形式能够更好地满足用户分众化的阅读体验,用户可以根据自身的偏好各取所需,新闻的呈现形式也摆脱了单纯的文字、图片或者视频报道,趋向于更为立体的态势。

考虑到指标的标准化和广泛适用性,本模型选取了主要互联网媒体平台自身基于其用户数据整理的词条指数,即微信指数、微博指数(由于头条取消了头条指数,所以本模型未加入头条指数作为计算指标),该媒体平台在评估时间段内开展的融媒体直播报道次数,该媒体平台在评估时间段内开展的H5内容的参与量,以及该媒体的抖音账号所发布的短视频内容的点赞数作为评估全息媒体的评价指标。

微信指数,是微信官方提供的基于微信大数据分析的移动端指数。微信指数整合了用户在微信上的搜索和浏览行为数据,形成当日、7日、39日以及90日的"关键词"动态指数变化。通过微信指数可以很直观地看到某个词语在一段时间内的热度趋势和最新指数动态。而微博指数(微指数),是微博平台对于关键词的提及量、阅读量、互动量加权得出的综合指数,体现了关键词在微博上的热度情况。微信指数与微博指数,是对该媒体在微信与微博两大平台的全方位综合评估,是全息媒体的重要反映。

对于新闻媒体而言,新闻要求"快"而"新",并且能够多样化触达新闻的读者。直播作为一种实时报道的重要形式,能够实时向用户报道新闻事件的最新消息。过去,直播报道主要是电视台在发现新闻后,派出记者前往事发地点,带上专业的设备进行现场直播,这个过程往往错过了新闻事件的第一手资料。当下,通过网络进行的融媒体直播,成为媒体能力的重要体现。同时,短视频短小精悍,内容高度集中,十分符合碎片化的移动互联网场景。本指标选取媒体在抖音的短视频账号的点赞数作为评估指标。抖音作为短视频平台的主要应用,占有了大部分的短视频用户,大部分媒体机构,无论一些国家级媒体,还是省市级媒体机构,开设短视频账号的第一选择都是抖音。选择媒体在抖音的短视频账号点赞数作为全息媒体的评估指标之一具有典型性和可比性。

除此之外,媒体制作的 H5 内容的用户参与量也是重要的评价维度。H5 技术的完善降低了交互内容制作和分享的难度,被广泛采用于媒体传播中。作为一种创新的交互模式,H5 打破了媒体的单向传播,用户可以通过 H5 来参与媒体事件,获得更强的沉浸感。为了庆祝建军 90 周年,人民日报推出了"快看呐!这是我的军装照"H5 作品,通过 H5 可以合成自身形象逼真的军装照。可见,除了参与感以外,H5 作品也具有很强的社交价值,容易在朋友圈子中产生裂变传播,营造媒介事件的气氛。

全息媒体具体的计算方法如下：全息媒体得分＝60％＊ln（70％＊Wz＋300％＊Bz＋1）＋15％＊10Z＋15％＊ln(D＋1)＋10％＊ln(H5＋1)

其中：Wz 为微信指数，Bz 为微博指数，Z 为直播报道次数，D 为短视频内容总点赞数，H5 为 H5 内容的参与数，如果无该项指数则记为 0。

三、影响力：全效媒体

影响力是对受众的思想或行动起作用的能力。媒体通过一定的传播内容、传播渠道和传播方式，来影响用户的认知、态度和行为。只有影响了用户，才能进一步达成传播效果，实现全效传播。

全效媒体，指的是媒体突破单一功能的限制，打破传统媒体形态的窠臼。泛在传播扩大、模糊了媒体舆论宣传功能的边界，融合媒体需要通过集成内容、信息、社交、服务等多种功能，从单纯的资讯服务升级到为用户提供全方位的信息服务，通过扩展内容的边界来实现其传播效能，打造"信息集市"。

要实现融合媒体"信息集市"的功能，首先得需要集市有足够的"信息商品"，即媒体需要发布足够用户挑选阅读的内容。其次，用户需要进入并且浏览"集市"内的"信息商品"。在微信端，媒体发布的所有新闻资讯以及提供的服务，都集中体现在其公众号文章的阅读数中。微信文章的日均阅读数反映的是公众号每日的整体打开率，即用户逛"信息集市"的频率。篇均阅读数反映了每篇文章的平均打开率，即用户浏览每一件"信息商品"的频率。在微博端，其"信息集市"的特征更趋向于拍卖市场，更有热度的内容，更活跃的微博号才能得到更多的曝光。本模型选用了媒体微博账号的发博数与原创微博数来评价其微博端的活跃程度。在头条为代表的个性化推荐媒体平台，内容能否展现在用户面前，取决于头条号发布的内容是否受到用户的喜欢。在不考虑用户历史数据积累的情况下，冷启动的推荐系统更容易推荐更加活跃，文章历史浏览量更高的头条账号发布的文章。

全效媒体具体的计算方法为三端得分加总：全效媒体标准化得分$=59.4\%[50\% * \ln(R/d+1)+50\% * \ln(R/n+1)]+25.4\% * [30\% * \ln(10 * B1+1)+70\% * \ln(10 * B2+1)]+15.2\% * [30\%\ln(1000 * T1+1)+70\%\ln(T2+1)]$

其中：R 为评估时间段内所有微信文章(n)的阅读总数；d 为评估时间段所含天数（一般周取 7 天，月度取 30 天，年度取 365 天）；n 为评估时间段内账号所发微信文章数；B1 为发博数，B2 为原创微博数。T1 为评估时间段内头条号发文总数，T2 为评估时间段内头条号所发布文章的阅读总数。

四、公信力：全员媒体

公信力是指具有使公众信任、信服的力量。只有用户信任的媒体，用户才会与其深入交互，参与媒体互动。在信息冗余的当下，新闻不再仅仅是指导人们日常行为的资讯，也被赋予了社交价值。在"无社交，不新闻"的当下，用户的阅读行为仅仅只是新闻价值的开端，用户之后的分享、讨论，更能体现出用户对于新闻资讯的认同。

全员媒体要求新闻业在打造、传播精品内容的过程中，不仅要有向全员传播精品内容的意识和观念，同时也要发挥全员的主观能动性和创造力，动员用户加入内容的生产和传播过程中来。在这种全员参与的过程中,用户与媒体之间建立更加紧密的联系,形成稳定的用户群体和良好的用户生态,同样也建立起了媒体在其用户中的公信力。

本模型选用了三大平台能够反应用户信任的指标来作为全员媒体的评估指标。微信端选用的指标为篇均"在看"数。此前,微信的公众号文章一直使用"点赞"的模式,在 2018 年底将"点赞"改为"好看",之后又将"好看"改为"在看",反映出微信对于用户分享的重视。微博端选用的指标为点赞数、转发数和评论数,微博作为一个公开的大众媒体平台,这三大指标一直是能作为评价用户参与讨论的核心指标。而以头条端为代表的个性化推荐媒体,由于其个人属性明显,且分享路径更为多元,数据难以采集,本模型选择了其比较有代表性的文章评论数作为评估指标。

具体的计算方法如下:全员媒体标准化得分 $= 59.4\% * \ln(10 * Z/d + 1) + 25.4\% * [20\%\ln(B3+1) + 40\%\ln(B4+1) + 40\%\ln(B5+1)] + 15.2\% * \ln(T3+1)$

其中:Z 为评估时间段内所有微信文章(n)的在看总数;d 为评估时间段所含天数(一般周取 7 天,月度取 30 天,年度取 365 天,其他自定义时间段以真实天数计算),B3 为微博点赞数,B4 为微博转发数,B5 为原创微博数,T3 为评估时间段内头条号发布文章的评论总数。

第七章　中国媒体汇流生产力
——产业融合

第一节　大规模定制化内容生产

传统的媒体内容生产与互联网内容生产最本质的差异，在于前者是工业社会的产物，满足用户的共性；后者是信息社会的产物，满足用户的个性。传统的内容生产是标准化、大规模生产的经济模式，以报纸、期刊、书籍等实体出版物形式实现，利润来源于对实体出版物的持续复制与直接售卖；互联网内容生产摆脱传统内容生产的"实物属性"，以免费或部分免费等形式借力互联网平台，不仅传播能力大幅增强，且内容组合更趋个性化与柔性化。

互联网内容生产的利润更不再依赖对实体出版物的复制与销售，而是转化为数字版权的价值，以及二次传播权利、影响力衍生物的附加价值或是直接作为知识产品进行售卖。由此，"互联网＋内容生产"促进了大规模定制内容生产的实现。这种内容生产模式提高了媒体的工作效率，缩减了媒体的内容生产成本，能让媒体机构有预见性地选择内容进行生产，而不是像传统内容生产那样花费大量心血进行前期选题策划，承担不符合用户兴趣的风险，从而实现实时个性化内容生产，提高生产效率，降低前期选题的风险。媒体行业借助大数据和云计算，并且借助人工智能技术和机器人写作，根据用户的需求，挖掘个性化、分众化的热点内容进行跟进，并根据收集的用户数据进行个性化的内容推荐，真正做到大规模定制生产，实现共性与个性的统一。大规模定制内容生产打破了传统内容生产的固定模式，满足了作者和读者在时间、质量、个性化等方面的阅读需求，同时提高生产效率。内容生产行业已经进入"倒整合"时代，互联网内容生产者和传统媒体正在相互吸收对方优点而融合发展。互联网出版打破了出版、传媒、网络、电子、电信等行业的界限，形成了内容生产与平台、渠道与终端相互依存的态势，且能够同时满足"个性化定制"与"大规模生产"，在控制成本的基础上实现柔性生产。传统的内容生产并不会消亡，大规模定制化内容生产正是其融合发展之路。

一、用户导向型内容生产

传统的内容生产随工业社会而生，在印刷技术的驱动下，建立了专业化的作者写作、出版社编辑、印刷厂印刷、渠道发行、管理机构进行管理的完整体系；互联网时代的内容生产，则是随信息社会而生，在互联网技术驱动下，形成了非专业的网民创作、互联网平台编辑发行的生态体系。在政策与用户阅读习惯的双重影响下，近年来不少传统内容生产商进行产业结构调整与升级，从纯粹的纸质出版向互联网内容生产转型，并且建立起自身的用户数据库，进行用户导向型的内容生产；与此同时，互联网内容生产在与传统内容生产的碰撞融合中也发生着变化，诸多互联网内容生产商，在积累了一定的内容之后，同样会选择发行纸质出版内容，进一步增强与用户之间的联系。

在工业社会,只有少部分人懂得媒体技术并且拥有发布渠道,属于专业生产内容,对于优质专业作者、优质专业内容的把控与整合能力,决定了传统内容生产机构的行业地位与市场地位。尤其是在我国,传统的媒体所有权都属于国家,传统的内容生产属于专业性较强的行业;而互联网的出现,尤其是 Web2.0 出现之后,每个用户都有了自主生产、编辑内容的权利,并随着互联网应用越来越简单和用户熟练度的不断提高,用户的内容生产能力不断提高。互联网技术革命充分发挥了平台优势,建立起用户生成内容的网络内容生产平台,迅速汇聚大量原创内容,"网民生产内容、网民消费内容"的模式打破了内容生产行业的原有格局,用户众包成为广泛采用的内容生产模式。

以互联网为载体,以手机、平板电脑、电子阅读器为终端,以网络文学、移动自媒体等为代表的数字内容生产,已经逐渐开始打破了传统的媒体生产结构。其中受到冲击最为严重的就是传统的报刊出版,我国报刊等传统媒体在 2014 年以后大量停刊或改为网络出版。2014 年相比 2013 年,全国出版报纸减少 18.5 亿份,同期减少 3.8%;报纸出版实现营业收入减少 78.8 亿元,同期减少 10.2%;利润总额 76.4 亿元,减少 11.2 亿元,同期减少 12.8%。全国出版期刊 31 亿册,减少 1.8 亿册,同期减少 5.4%;期刊出版实现营业收入减少 10 亿元,同期减少 4.5%;利润总额 27.1 亿元,减少 1.5 亿元,同期减少 5.4%。报业集团中有 17 家营业利润出现亏损,较 2013 年增加 2 家。与纸质出版收入形成鲜明对比的是数字出版行业收入的连年走高。2014 年我国数字出版产业收入为 3387.7 亿元,比 2013 年增长 33.36%,数字出版产业收入在新闻出版产业收入的总比由 2013 年的 13.9% 提升至 17.1%,这进一步加深了传统报刊出版面临的严峻挑战①。

互联网的内容生产模式颠覆了传统出版基于实物印刷的出版理念，海量存储、成本低廉、柔性编辑、搜索快捷。传统出版首先需要通过数字技术实现内容数字化，这只是实体出版机构实现互联网出版的第一步。更重要的是，实体出版机构应向互联网出版的纵深发展，并主动调整自身结构，适应新的出版形态。因此，国内出版机构普遍设置互联网出版部门，并建立"中央厨房"，设置全媒体发布渠道，做到一次生产、多平台发布，极大提高了内容的生产和发行效率。国外出版机构，如卫报、泰晤士报则建立了联合编辑部，要求编辑、记者具备全媒体能力，能够同时向用户提供报纸、网络新闻。

在另一方面，线上内容出版也在向线下进行产业融合。以知识付费平台"罗辑思维"为例。"罗辑思维"起初只是传播知识与思想的信息发布平台，拥有微信公众号和视频脱口秀节目，后与出版社合作，针对特定书籍签订独家版权协议，定制"罗辑思维"特别版，"罗辑思维"享有一定时期的独家发售权。他们用自己的"罗辑"吸引了 580 万粉丝，一年时间，不到 60 本书，坚决不打折，卖出 1 亿元，同时刷新了社科文献图书单本单日单渠道的销售纪录。"罗辑思维"即是由线上内容生产吸粉到实现线下大规模定制内容生产的例子，体现了传统内容生产与互联网内容生产的融合。长久以来，库存与补仓问题严重影响着出版行业的资金流转，"罗辑思维"从线上衍生的线下出版，实现了大规模按需定制印刷，这种对印量、印质的控制，一方面得益于互联网技术提供的数据分析，一方面得益于互联网线上出版带来的用

---

① 《2014—2015 中国数字出版产业年度报告》.

户黏性。"罗辑思维"开创了由线上转化为线下的一种新模式，它重"质"远胜过"量"，在一个特定领域深入挖掘，提高产品附加值，以优质的线上产品赢得用户，借助自身影响力实现线下利润。

大规模定制内容生产以用户的分众化、个性化内容需求为导向，成为媒体汇流的生产力，前景十分广阔。传统的内容生产，生产者主要根据自身对用户需求的把握和前期的市场分析、用户调查，并依托于实物售卖，创作者依靠版权获利，而随着时代的变化，用户已经变成市场的主导，出版商和内容提供商应当把握用户心理，满足用户需求。从线上到线下的出版模式是未来内容生产行业的发展趋势，内容产品、服务和信息提供都应趋向"定制"。消费者为满足其个性化需求的定制内容付费，内容的价值才能得到更多实现。

二、大众生产与专业生产结合

传统的内容生产行业，内容的生产者和消费者是严格区分的，内容的生产者主要是专业的作者、媒体和出版商，内容生产也有一套与传统生产方式相适应的专业生产流程。而互联网赋予了每个人进行内容生产的权利，在"人人都有麦克风""人人都是通讯社"的时代，用户也逐渐成为内容生产的主力，大众生产与专业生产相互结合，融合成新的互联网内容产业模式。

与传统内容生产行业的"读者"概念不同，"用户"是互联网内容生产概念。在互联网内容生产平台上，"用户"既可能是读者，也可能是创作者。虽然"用户"代表的非专业者内容生产行为相较于传统内容生产机构，被认为"业余"，但"用户"对处于融合之中的内容生产，恰恰是决定性的力量。如今，社交媒体上的开源内容生产、制作、分享工具比比皆是。无论是个人还是组织，只要拥有内容生产能力、具备内容生产设备，以及与互联网的接口，所有主体都可以记录、评论、创作。微信、微博、短视频平台等成为大众生产内容的聚合平台，由此衍生出的"自媒体"概念也因此受到空前关注。

用户生产内容与传统的专业生产内容，并非此消彼长和完全对立。大众生产的信息并不能全面取代组织化、专业化的信息生产。过度依赖大众生产的互联网内容，会导致互联网信息的无序增长，不仅降低用户检索的效率，也会带来信息过载等问题。所以，专业生产的编辑和组织化生产对于信息有着二次处理、整合编辑的作用，在内容生产领域依旧有着不可或缺的地位。因此，在大众生产与专业生产之间，并不是简单的替代关系，二者的界限也不是泾渭分明，而是融合的对立统一体。

随着用户生产内容愈加便利，以用户为中心的互联网内容生产的生态圈逐渐形成。传统内容生产模式也在与用户生产力结合过程中发生重构。用户生产的非专业内容开始与专业生产发生交集。2005 年伦敦发生地铁爆炸事件后，BBC 在这一事件的报道中首次使用爆炸现场行人用手机录制的视频。2013 年《纽约时报》新闻客户端 NYT Now 所采用的产品设计，也在大力引导用户为新闻客户端生产内容。2016 年，直播平台大量出现，捧红了大批草根网红，"全民直播"时代来临。2018 年，短视频应用集中爆发，快手和抖音为代表的头条系占据了短视频的头部市场，短视频被认为是 5G 时代的主流内容形式。同时，主流媒体也纷纷进驻短视频平台，截至 2019 年 2 月，人民日报已经在抖音上拥有了 1250 万粉丝，获赞 2.2 亿；新华社拥有 677 万粉丝，获赞 3012 万。传统内容生产者代表的媒体公信力与用户的生产力结合在一起,重构了全新的内容生产模式,即以用户内容生产为主要信息来源,专业内容编辑加以筛选、处理、整合的出版模式。

在这套模式下的用户生产内容,价值不仅仅是免费,真正原因在于其"效能",在于其"时效性、填补素材空缺、拓展内容深广、亲近性以及多元声音的表达"。这恰恰弥补了专业生产者由于人力、时间有限而导致信息呈现的片面化。而专业内容生产的作用,将是对于用户生产的庞杂信息进行搜集、挑选和验证,将真实可靠、质量过关且能全方位呈现事实真相的内容有序地整合在一起,再呈现给用户。所以,非专业内容生产者承担的是全面信息搜集与原创工作。专业内容生产者需要做的是对用户搜集或原创的内容进行鉴别、处理、出版,赋予内容权威性与公信力的工作。

互联网内容生产以用户生产内容为核心,倘若传统内容生产机构坚持传统的专业内容生产模式,忽略用户生产内容的价值,则必将落后于时代。但是,用户生产内容更容易带来内容无序、信息过载等问题,这时候则更需要专业的内容生产机构,利用其专业的信息生产和处理技能加以梳理,帮助用户在信息爆炸的互联网中筛选、鉴别出有用的信息。传统内容生产和互联网内容生产需要取长补短,在充分利用各自优势的前提下融合发展。

第二节　IP 融合泛文娱产业链条

腾讯在 2011 年提出"泛娱乐"的概念以来,以 IP(Intellectual Property,知识产权)为核心的泛文娱产业也从内容融合向产业生态融合迈进,新业态、新模式不断涌现,打造基于互联网的多领域产业闭环。文化产业的多业态融合与联动,已经成了我国媒体的重要增长点。以媒体平台为核心,文学、动漫、影视、音乐、游戏、演出、周边等多元文化的娱乐形态,通过 IP 被融合起来,形成了协同、共融共生的泛文娱媒体生态。

一、优质内容驱动产业发展

纸媒、电视、广播的红利已经消退,互联网的冲击颠覆了传统媒体赖以生存的广告模式、内容发行模式,传统媒体亟需扩展新的商业模式,而我国近年来对版权保护力度的加大提供了文创产业发展的空间。2006 年,国家公布了《信息网络传播权保护条例》,并于 2013 年修订完善。2008 年,国务院印发了《国家知识产权战略纲要》。2010 年,国家开展打击网络侵权盗版专项治理"剑网行动",并在 2018 年启动"剑网 2018",在网络转载版权、短视频版权、重点领域(动漫领域,网络直播、知识分享、有声读物平台,巩固"剑网"行动成果)三大领域开展重点整治。北京、上海和广州等地的知识产权法院在 2014 年相继成立,知识产权的法律保障体系也在日益完善和规范。

在产业层面,文化企业初期引进的大量优质国外 IP 如迪士尼等,培养了用户的 IP 意识,加之国内优质 IP 如《盗墓笔记》《斗破苍穹》《斗罗大陆》《武动乾坤》等的改编,都将"IP 热"推到了前所未有的高度。"IP 热"不仅让文化生产者意识到了版权所带来的巨大潜在价值和商业机会,同时也推动了内容消费者付费使用文化产品的意愿。在美国,文化产业被称之为"版权产业",是美国经济的支柱产业。美国文化产业的代表好莱坞能够长期占据 IP 高地,向全世界输出优质的 IP 内容,正是得益于美国电影产业完整的产业链条和成熟的版权保护体系。基于知识产权法律规范的内容生产,促进了文化资源的商业化,这种健康的产业生态是美国文化产业得以长久繁荣的保障。我国也正在经历这样的转型,国家对知识产权保护形成的一系列法律法规,加上有关部门的大力整治,国内长期以来盗版、山寨、剽窃盛行的风气大大改善。同时,以阅文集团、阿里文学等为首的文创企业对用户群体的培养也促使更多的内容创作者加入进来,大量的优质内容涌现。

2017 年,泛文娱行业国产精品 IP 频出,涌现出了《三生三世十里桃花》《楚乔传》《择天记》《我的前半生》《无罪之证》《斗破苍穹》《悟空传》《河神》《全职高手》《王者荣耀》等一大批优质 IP。原创网络文学 IP 领域,《三生三世十里桃花》先后改版为电视剧、电影。借势《三生三世十里桃花》IP 热潮,阿里文学依托自身泛娱乐生态布局,通过"授权宝"跟天猫商家进行合作,实现衍生品销售收入 1 个亿,这不仅极大地提升了 IP 价值,也给商品深深地打上了文化的烙印。其中,电视剧《三生三世十里桃花》营造了"三生"热潮,微博主话题阅读量 103 亿、短视频播放量 58 亿、电视剧热词提及量 220 万次、参演明星共发了 173 条微博、互动量 1724.5 万、参演明星粉丝总增量 1535 万、微博大号参与讨论量达 571 万,这 6 项数据都刷新了微博历年国产剧之最;电影《三生三世十里桃花》粉丝给力引爆话题,网络热度指数达到 20245570,在 2017 年度电影网络热度排名中位居第二位。

在动漫 IP 领域,作为国内原创授权领军者,奥飞旗下知名的学龄前全球化 IP《超级飞侠》推出两年多来,国内全网点击量超 80 亿次,已在全球 70 多个国家和地区播出,成为中国首个入围国际艾美奖儿童奖的动画 IP,获得了包括金龙奖在内的一系列业内奖项,是全国学龄前板块最火爆的动漫之一。2016 年,奥飞娱乐的《超级飞侠》相关授权业务收入翻倍,超级飞侠玩具累计销量超过 3000 万件,包括授权商在内的相关消费品全球销售额已逾 10 亿美金。在网络游戏 IP 领域,作为手游市场上一款现象级的 IP,到 2016 年 10 月《王者荣耀》DAU 峰值已经突破 5000 万,从 2017 年 3 月起收入持续位居全球 iOS 手游收入榜榜首。此外,腾讯还多点发力,全方位打造《王者荣耀》国民 IP:推进游戏与音乐结合,邀请了多位人气歌手推出了《智商二五零》《后裔》《项羽虞姬》三首英雄主题曲;与哈尔滨冰雪大世界联手打造总面积近 15000 平方米的《王者荣耀》冰雪景观,将文创领域的 IP 内容延伸至线下场景中并加以"实体化";打造《王者荣耀》实景真人对抗赛节目《王者出击》,节目寻找"游改综"最佳平衡点,突破户外综艺局限,体现腾讯视频内容原创力。

对于 IP 产业来说,核心的就是优质内容打造的品牌效应以及粉丝效应,其中的关键点就是优质内容的产出。传统的生产语境下,由于只有小部分专业生产者参与内容生产,虽然质量总体较高,但难以把握用户的兴趣,生产的内容可能与用户群体脱节。同时,专业性的内容生产周期较长,内容较少,难以形成规模效应和个性化生产,用户的个性化需求难以得到满足。移动互联网技术极大提高了人们信息获取的效率,内容生产者可以更加便捷地通过网络获取信息、实现合作,同时借鉴已有的优质内容或是已经成功的 IP 运营模式,将优质的境外 IP 本土化,进行加工和再生产。同时,互联网的出现让人们有了更多发挥自己想法的空间,出现了更多的优质内容源,并通过互联网渠道进行传播和流通,迅速进行与用户之间的互动和沟通,及时的反馈能帮助内容生产商调整策略,生产出更多有效的内容。除此之外,互联网节点的平权效应,催生了用户与内容生产者的平等互动和对等传播,打破了原先传者的支配权,对形成文化群落、趣源社区,促进"粉丝经济"的发展起到了决定作用。IP 的多元开发离不开"粉丝经济"带来的规模效应的支撑,只有得到了粉丝认可的 IP 内容,才具有了多元开发的商业价值。

二、全产业链打造泛文娱生态

中国的泛文娱根植于互联网土壤,广阔多元的创作空间、丰富活跃的 IP 源头、形式多变的线上衍生和"互联网＋文创"的平台优势是中国泛娱乐的特色。随着新时代到来,"泛文娱"的理念得到快速的普及和发展,这不仅推动了"泛文娱"生态的形成,也使这一理念成为行业基本共识。中国互联网已进入"下半场",依靠人口红利驱动发展的模式不可持续。随着中国泛文娱产业的快速发展,泛文娱产业已由单体竞争转向了生态性竞争,产业生态日趋成熟,也进入了"下半场"。如在网络视频领域,腾讯视频、优酷、爱奇艺等积极布局视频内容制作上下游的全产业链,以独家原创内容吸引观众,并且积极与文学、漫画、电影、游戏等相关内容行业进行联动,生态化平台的整体协同能力和商业价值正在逐步凸显。一个好的 IP,在立项的时候就要开始思考文学、漫画、声音、影视、短视频、衍生品等线上及线下在开发路径上的取舍和节奏控制,这需要一个专业团队以及强大的平台来对接。我国互联网企业已经开始积极、主动参与到整个内容全产业链当中去,深度参与从制到播到变现的各个环节。

2017 年,泛文娱生态繁荣发展,生态化运营特征显著,涌现了以腾讯、阿里巴巴、百度、网易等为代表的泛文娱产业生态化运营龙头企业。作为泛文娱战略理念的首倡者,腾讯公司基于"互联网＋多领域共生＋明星 IP"的粉丝经济,构建了一个打通游戏、文学、动漫、影视、戏剧、电竞等多种文创业务领域互相连接、共融共生的新生态。阿里巴巴泛文娱战略以流量分发为基础,以并购力度和深度为依托,加入了 UC、优酷和土豆的强势流量,补齐了影业、文学、数娱,以及游戏变现渠道,形成了"3+X"的大文娱架构业务矩阵。阿里文娱基于阿里在 Science(科学技术)、Digital(数字技术)、Data(数据技术)的积累,致力于构建文化娱乐产业的新基础设施。为了保持"生态优势",阿里文娱大优酷事业群不断向"超级剧集"进化,将从剧集的单一播出升级到全链路参与,从网台自主排播升级为跨媒体联播,实现剧集从价值、影响力到排播效率的最大化。百度依靠游戏、视频和文学三个重点业务进行泛娱乐布局,侧重影视布局的整合,形成了以百度视频为核心的 PGC 内容生态、以爱奇艺为核心的在线影视娱乐内容生态、以糯米电影为核心的"线下电影+演出生态"和以百度贴吧为核心的基于粉丝的泛文娱生态。作为游戏行业的龙头企业,三七互娱积极推进网络游戏产业生态化发展,实现了由"重渠道"向生态化发展下"重产品"的思路转变,推动大小生态共同繁荣发展。在多元化发展战略下更加注重产品的"品效产"结合,通过满足游戏玩家多元化的需求反向推动研发,并重新定义产品。同时,三七互娱围绕 IP 核心发力"无界"的泛文娱联动,积极布局影视、音乐、动漫、VR 及直播等在内的泛娱乐产业,打造新的 IP 生态圈,推进泛文娱产业生态化运营。

第三节 产业互联网助推平台型媒体转型

从 2011 年新兴媒体的市场份额超过传统媒体开始,中国传媒产业格局经历了从平面、广电、互联网、移动互联网四分天下

（2011年）逐渐到传统媒体、互联网和移动互联网三足鼎立（2013年），再到移动互联网主导（2017年）的局面。2018年以后，在5G和下一代互联网技术的推动下，移动互联网会继续占据主导地位，这种一超多强的格局已逐渐稳定。不过，随着媒体融合的深度推进，传统媒体与互联网的界限越来越模糊，在县级媒体融合完成之后，整个传媒产业将呈现出以互联网平台为基础架构的泛数字化媒体格局。从产业格局角度看，呈现出如下特点：传统媒体通过媒体融合不断走向互联网；消费互联网（2C）逐渐饱和，产业互联网开始发力，是互联网进入下半场的双重态势。

一、平台型媒体建设

"平台型媒体"（Plastisher）这一概念，由美国人乔纳森·格里克（Jonathan Glick）在2014年2月7日发表的《平台型媒体的崛起》一文中提出。所谓Plastisher是Platform（平台商）和Publisher（出版商）两个字合成后的缩略词。撰稿人Digiday2014年8月也对Plastisher给出了定义：平台型媒体是指既拥有媒体的专业编辑权威性，又拥有面向用户平台所特有开放性的数字内容实体。简单来说，这种平台性的媒介不是单靠自己的力量做内容生产和传播，而是打造一个良性的平台，平台上有各种规则、服务和平衡的力量，并且向所有的内容提供者、服务提供者开放，无论是大机构还是个人，其各自的独到价值都能够在上面尽情地体现。"平台型媒体"既是一个平台，也是一个有"把关人"的媒体。这绝不纯粹是一个自媒体平台，除了生产内容必须符合法律法规之外，还必须符合平台的标准，取得准入资格。并且，平台会致力于平衡和多元健康的规则设定，以营造一个具有某种自清功能的传播"生态圈"。平台型媒体的本质是一个开放性和社会性的服务平台。平台型媒体的价值和意义在于,它可以让所有的个人在上面找到自己感兴趣的内容或是资源,激发自身的创造活力。在平台上形成了良好的媒介生态之后,每个人都能各得其所,找到实现自身价值的方法,同时又在为整个社会做出贡献。也就是说,一个理想的平台型媒体可以很好地整合个人的自我实现和社会价值创造,平衡两者之间的关系。

2018 年,传统主流媒体加速整合,多家报纸正式休刊,还有一些合并出版,报业紧抓内容核心,深度整合。同时,一些具有实力的传统主流媒体也开始加强平台建设,构筑生态体系。以人民日报为例,2018 年 6 月,人民日报社正式上线全国移动新媒体聚合平台"人民号",并发布人民日报英文客户端 2.0 版、人民日报创作大脑和人民日报智慧党建平台。目前,已有 2000 多家主流媒体、党政机关、高校、优质自媒体和名人入驻。人民号的关键词是"平台",定位"全国移动新媒体聚合平台",是依托人民日报客户端,重点打造的一个全新内容平台,旨在为用户提供移动端内容生产和分发全流程服务,搭建移动端内容创新和创业的新平台。"人民号"是主流媒体自建平台的一种大胆尝试,也是构建主流价值引领的新媒体生态的努力方向。人民日报创作大脑的关键词是"智能"。创作大脑采用人工智能技术,帮助人民日报和人民号的内容创作者提升内容生产和分发效率。同时,人民日报社同多个专业领域技术领先企业合作,开发的创作大脑具备智媒引擎、语音转写、数据魔方、视频搜索等基础功能,重点实现智能写作、智能推荐、智能分发。智慧党建平台的关键词是"服务"。在新媒体建设中,人民日报社一直坚持"有品质的新闻"与"有特色的服务"相结合。智慧党建平台侧重服务于基层党组织和普通党员,从党建工作实际需求出发,方便基层组织进行活动组织和信息管理,方便党员获取党建新闻和参与活动。人民日报英文客户端贯彻 2017 年发布的《新闻出版广播影视"十三五"发展规划》所提出的对外"走出去"战略,根据英文用户的使用习惯进行优化,扩展国家在国际社会的话语权。从人民日报打造平台型媒体阵列的布局,可以看出主流媒体积极构建兼具主流价值与创新活力的新媒体内容生态的决心。国家级主流媒体参与平台型媒体建设,可以用主流价值纾解"流量焦虑"与"算法焦虑",用社会责任规范"内容创新"与"内容创业",用优质平台凝聚"众人之智"与"众人之力",在存量竞争的时代占据主流舆论高地。我国省级主流传媒集团也纷纷发力传媒平台,以构建自有媒体生态为目标。2018 年 7 月,湖南广电集团以芒果 TV 为核心,组建芒果超媒,从新媒体走向全媒体,在影视、音乐、社交、硬件、游戏等领域积极布局,初步形成了相对完善的芒果生态圈。上海提出将全面梳理新媒体矩阵,集中资源建设平台级新媒体,到 2020 年底打造两个以上平台级新媒体、两家以上国内领先的新型主流媒体集团。

从互联网发展现状看,消费互联网的网民人口红利逐渐消失,特别是移动互联网用户的比例趋近饱和,总体上,互联网进入存量阶段。根据中国互联网络信息中心(CNNIC)的报告,截至 2018 年 6 月,中国网民规模达 8.02 亿人,较 2017 年末增加 3.8%,其中手机网民规模 7.88 亿,占网民比例高达 98.3%。面对互联网市场的竞争加剧,主流传媒集团不断发展进步,在挽回失地的同时开发新业务。

美团 CEO 王兴于 2016 年最早提出"互联网下半场"概念。当前,"互联网下半场"已经到来而且明确指向产业互联网。产业互联网是在供给侧、面向企业特别是传统企业的新连接赋能形态。互联网早期为消费者提供连接需求,随着消费侧的饱和,这种连接赋能逐渐向供给侧渗透。一方面打通传统产业链的信息流动,提高企业效率;另一方面通过汇聚资源,打通产业上下游的技术和服务需求,带动整个产业转型,甚至创造新的产业。2018 年 9 月 30 日,腾讯启动第三次战略升级,成立了云与智慧产业事业群,宣布其战略从消费互联网向产业互联网升级。随着 BAT 等巨型互联网企业纷纷发力,重新建构事业群结构,布局产业互联网,产业互联网从概念走向实操已经全面启动。而在传媒产业,"互联网的下半场"也刚刚开始。目前国内为自媒体提供服务的平台,总结起来可以分为三大类:资讯聚合分发平台,主要有今日头条的头条号、腾讯的微信公众号、百度的百家号、阿里的大鱼号;短视频创作和分发平台,主要由抖音和快手垄断;直播平台,主要有虎牙、YY、抖音、斗鱼和快手等。人民日报社所办的"人民号"属于第三类,即"平台型媒体",本质上是媒介融合后的新型媒体形态,落脚点在平台。平台型媒体是主流媒体进行研究"供给侧改革",发展媒体融合的重要方向,也是产业互联网助推媒体融合的必然结果。

二、布局县级融媒平台

2018 年 8 月召开的全国宣传思想工作会议上,习近平总书记提出"要扎实抓好县级融媒体中心建设,更好引导群众、服务群众"。随着传播渠道被新型互联网媒体所占有,传统媒体已经很难深入到底层的下沉市场,为了保证媒体传播的上通下达,我国的媒体融合概念在实践基础上进一步深化,从中央、省市的主流媒体融合下探到基层县(市),将县级融媒体中心建设上升到了党的思想宣传工作的战略高度。县级融媒体中心作为媒体融合的排头兵,与地方群众有着直接而密切的血肉联系,有助于媒体深入到基层,第一时间传达信息、提供服务。

在我国,媒体融合的目的主要是两个方面:一是通过技术和理念的升级,打造现代传播体系,形成基于互联网的媒体传播矩阵;二是探寻新的媒体商业模式。由于渠道优势的丧失,传统媒体已经无法仅靠单纯的广告生存,需要提升自身的信息服务能力,重建与用户的联系,通过数据产品的打造和垂直、多元、细分服务的提供,重新建立起新的商业模式。由于我国不同区域的经济社会发展水平不同,不同县市级传媒行业的市场相差较大,需要因地制宜打造对应的传播模式。对于传统媒体而言,原本与地方群众深入联系的媒介是报纸、广播和电视,在报纸、电视衰弱的移动互联网时代,媒体失去了与地方群众的直接联系。通过县级融媒体中心的建设,重新建立起政府与群众联系的信息窗口,是刻不容缓的工作。

在技术层面,县融媒体中心由于原本的技术实力不强,难以搭建起自身的媒体技术平台,各地主要采用了打通省级融媒体中心的方式,通过省级云提供的信息存储和信息处理能力来打破技术壁垒。同时,通过微博、微信和客户端的建设,建立起与地方群众的联系。以赤壁县融媒体融信为例,在成立融媒体中心前,赤壁市有报纸、网站、电视台、电台、微博、微信、客户端等各类媒体平台,虽然都由赤壁广播电视台统一管理,但由于各自系统未打通,各平台间各自为政,所获得的新闻信息难以互通,效率低下的同时也造成人力物力财力的浪费。除此之外,各分散的平台间由于传播模式不统一,各自独立运营的情况下,容易造成受众分散,难以形成自身的品牌。赤壁市融媒体中心建设成立后,统一对旗下各大传媒平台进行管理,并对部门进行改革,建设调度指挥中心、大采访中心、大编辑中心等部门。通过机构改革,搭建"中央厨房",把记者全部合并到采访中心,一次采访全平台使用,实现了资源共享,并实行"新媒体首发、全媒体跟进、融媒体传播"的模式,通过技术的革新和部门的重构,县级融媒体中心能在快速变动的信息社会保证新闻的时效性。

县级媒体与省市级媒体的最大区别,在于用户群体相对趋同化与新闻功能的本地诉求。由于县级用户日常可支配时间较多,没有利用碎片化时间刷新闻推送的习惯,且媒介素养相对省市级用户有一定差距,对本地新闻的关注更高。因此,县级用户更倾向于通过本地新闻满足基本需求。这种基本需求并非"娱乐"或"商业",而是更多集中在"解决与自身相关的政务民生问题"等方面。赤壁电视台强化"问政",实现了政务的日常化透明化公开,以确保受众对当地政策变动有一个持续而稳定的认知,并对自身问题找到与当地政府的沟通渠道。

随着近几年对媒体融合的探索和实践不断深入,人们认识到,媒体融合不仅是媒体的线上线下融合,更重要的是内容的融合和创新。从"澎湃新闻"的崛起,到《新京报》转型到客户端,媒体融合转变的是传播渠道、思维理念与呈现方式,始终不变的是对优质内容的追求。当平台搭建的技术和服务已经成熟,媒体真正的核心竞争力就是内容。"内容为王"的理念随着媒介技术的变迁表现得愈加明显。在内容上,广域互联网提供大而全的资讯,县级融媒体的优势在于根治基层、深耕本土,基于对本地的了解和认知,挖掘出具有地方特色的内容信息服务。通过常态化运营打造自身的传播品牌,在扩展知名度的同时获得地方群众的认可:

1.立足于地域文化的特色内容呈现

在媒体融合的环境下，信息发布渠道越来越多，形式呈现越来越多样化。层出不穷的新模式和新技术在拉动信息需求快速增长的同时，也使内容的个性化定制成为媒体的发展方向。大众对信息的选择不只是满足知识服务和情感体验的需求，更愿意体验精准的信息服务。可以说，随着媒介技术的进步和传播方式的多元化，大众对媒体的依赖就越强，对媒介内容的要求也越高。信息的同质化也促进了其表现形式的创新，使得媒体之间的竞争愈发激烈。作为地方性媒体，无需去过度追求信息涵盖的全面性，而是要突出自身所在地的地域文化特色，运用独特的地域文化内容来取得受众的情感共鸣和阅读依赖。

区域文化具有"人类文化空间的区域人文发展规律和表现特征，往往作为一种文化原型、一种区域性的文化'集体无意识'积淀在整个文化和该区域文化当中，影响着人们的文化心理和性格的生成及其发展"。区域文化需要借助地方媒体进行记录和传播，地方媒体的媒体融合改革也为区域文化传播提供了更多元的传播途径。地方媒体的受众对本区域的文化具有天然的认同感，通过区域特色文化的传播，可以增进受众的归属感和心理距离，从而保持或增强受众的媒体忠诚度。区域文化是地方媒体信息传播属性的根本所在，也是地方媒体本土化、特色化的源泉。在对区域文化进行传播的过程中，既要保留原有的本土特色，也要依托于新媒体的媒介属性对其进行重新整合，在融合媒体技术的支撑下使其更符合受众多元形式的信息需求。因此，无论媒介形式如何变化，对区域特色文化的呈现都应成为地方性媒体传播内容的重要组成部分。

2.立足于效率性的实用内容呈现

对于传统媒体而言,媒体融合并不仅仅是形式的融合,更重要的是内容的融合。地方性媒体进行媒体融合的首要任务,是增强本地受众的媒体使用黏性。而对本地区受众的吸引,靠的就是内容在地域上和集体意识上的接近性。受众对信息的选择接受,不仅受到受众自身选择性倾向的影响,也会受到受众所处地域的影响,这就是地方媒体能够在本地区生存下去的基础。因此,地方性媒体除了提供原创内容外,还要借助于新媒体的传播优势,为受众提供更多的实用性信息。

受众对信息的需求,除了寻求社会认同感和满足职业需求和社交需求之外,必然有信息的实用性需求,地方媒体"源于本土、立足本土、服务本土,具有地域性和贴近性",完全能够满足受众生活圈所需的信息。例如天气信息、交通信息、行政信息等本地区的所有政务生态信息和社会生态信息。注重信息的实用性,还要积极研究本土受众的心理特点和接受习惯,强化融媒体语境下的百姓视角、服务意识,通过平实语言、鲜活表达,在与受众交流中形成共识,增强传播的亲和力和感染力。地方性媒体传播的实用性信息,是媒体融合的个性化特征的体现,既反映了区域环境的变化特征,也反映了区域内受众的信息选择特征,通过对这些表征的研究,可以更准确地把握受众的特点,进而创作出更符合受众需求的内容,使这些内容更具有个性化,从而形成媒体融合后的整体特征。

3. 立足于场景化的多媒体内容呈现

媒体融合既要做好内容的融合,也要做好形式的融合。新媒体的技术支撑是媒体形式融合的关键。新媒体技术的运用改变了受众对内容的接收要求,传统媒体单一的文字输出和呈现形式已经远远不能满足受众信息接收的个性化要求。麦克卢汉认为，"媒介是人的延伸"，是人的感官能力的延伸。新媒体技术更是将受众的视觉延伸到听觉、触觉的信息体验上，受众信息接收的过程更是体验的过程。受众在这种动态化和直观化的图像信息中，既获得信息需求，又获得身心的放松。地方性媒体要做到以受众为中心培养受众的忠诚度，既要满足受众通过媒介展示自我的需求，也要满足受众的场景化体验，生产出符合受众个性化需求的媒体融合产品。

新时代，场景传播更加关注专业内容和特定需求的满足。新媒体技术为精准的个性化内容传播提供了支持，拉近了受众与场景间的距离，甚至将受众置于场景还原的现场，弥补了传统媒体与受众的距离感和单一化。新媒体加快了场景融合的趋势，随着数字技术发展而出现的网络视频、音频和 VR 技术，为受众提供时间和空间多维度的内容呈现，为受众的自我传播、人际传播创造了新的媒介场景，这种场景的呈现打破了传统媒介相对封闭的信息系统，形成了一种沉浸式、高互动性的开放式信息系统。因此，地方性媒体在形式上既要满足受众的体验需求，还要注重传播的互动性，形成多平台的互动。进而，主动搭建本区域的万物互联平台，整合本区域内所有感知设备，抢占万物互联的智媒时代先机。

后　记

“天下大势，合久必分，分久必合”，《三国演义》卷首语，注解了 40 年来我国媒体的汇流。从改革开放之初为数不多的机关报台，到蓬勃兴起的市民报纸、电视频道、广播频率，再到井喷的门户网站，培养出无数自媒体的社交媒体平台，我国媒体从单一到多元，在分化中勃兴、发展、迭代。在新的时代，一场以媒体融合为主题的汇流却已经到来。

未来的 40 年，我们将面对一场前所未有的媒体技术革命，迎来一次前所未有的媒体融合挑战，同时也将面对一次空前的媒体发展机遇。

我们的受众，一直以来每天只有 24 小时，这不会改变。但是，受众可能接触到的媒体信息，却在以极快的速度增加，不得不面临着“信息过载”。受众需要“最懂我”的媒体，根据自己的需要对信息梳理、加工、分类，以最优的体验输送给自己。这需要新的媒体汇流，也是融合传播的要求。

我们的受众，一直以来看到的都是人生产的内容。但是，今后能够生产内容的，不再只有新闻工作者和自媒体，而且围绕着受众身边的无数传感设备、无数有形之“物”。教师不再需要点名，就能从智慧教室的座椅传感器获知到课率；上班族不需要听交通广播，无人驾驶车辆就能从城市交通监控的大数据得知路况。

　　我们的受众，一直以来是五官借助媒体感知世界，这不会改变。但是，受众可能接触到的信息，却未必永远是文字、图片、声音和视频。每一个时代，都有它的复制技术。今后的时代，复制技术会更加具有"临场感"。自有人类的传播以来，我们的受众对色香味的"色"还能在图文视频里感受，对于"香"和"味"却只能在诗句和画面中想象。在 VR 与可穿戴设备普及后，"香"和"味"将成为融合传播中前所未有的元素。

　　在数字媒介技术的发展中，我们已经进入了新时代。新时代，我国社会将实现以不忘初心为主导的政治发展、以信息驱动为主导的经济发展、以整合碎片为主导的文化发展、以数字革命为主导的技术发展。媒体将以数字技术为统一语言，从专注于内容到汇流于渠道转变，成为承载着高分化分众需求的媒体平台。

　　轻量化的载体、多元的形式、碎片的内容，通过技术融合形成了新的交互界面；云计算在内容生产、信息传播、信息接收方面，融合了内容生产；5G 物联技术则改变了用户行为，融合了智慧媒体。

　　应用融合驱动着媒体汇流，以分享为核心的社交化、用户为核心的移动化、服务为核心的本地化，促使媒体向全程媒体、全息媒体、全效媒体、全员媒体的"四全"方向汇流。传统的"传播力、引导力、影响力、公信力"要求，与"四全媒体"要求对应，成为一套新旧融合的媒体融合评价体系。

　　我国媒体将向"大规模定制、柔性化生产、个性化推荐、专业化引导"的产业方向发展，通过 IP 整合产业链条，以产业互联网助推平台型媒体转型，并在离用户"最近的一公里"发展县级融媒平台。

时代赋予了媒体汇流前所未有的历史机遇，我们对融合传播充满信心和期待。

谢湖伟

2019 年 8 月 6 日于武汉

参考文献

1. 黄升民,杨雪睿.碎片化背景下的分众传播与新媒体发展[J].市场观察,2006(5):36.

2. 秦华阳.2005中国报业:寒风中的徘徊与期待[OL].秦华阳博客,http://hi.baidu.com/600999/blog/item/d82719eed72543f8b2fb9599.html.

3. 佚名.中国网民数达2.98亿普及率首超全球平均水平[OL].网易,http://tech.163.com/09/0113/14/4 VHTJ5SF0009356D.html.

4. 黄升民.聚合力量梦圆2008[OL].中华广告网,http://news.a.com.cn/News/Infos/200710/09349465466.shtml.

5. 张金海,吕尚彬.《2007年度中国广告业生态调查报告》(媒体篇)表明中国媒体挣扎上位——2007年媒体广告市场增幅放缓[J].现代广告,2008(2).

6. 喻国明."U化战略"——纸媒生存的大趋势[J].传媒,2006(12).

7. 支庭荣.融合与转型:传统媒体的未来生存法则[J].中国记者,2006(2).

8. Alexandra Maryanski. "The Pursuit of Human Nature in Sociobiology and Evolutionary Sociology"[M]. Sociological Perspectives37,1994:375-390.

9. Lewis A. Coser. Masters of Sociological Thought：Ideas in Historical and Social Context[M]. New York Harcourt Brace Jovanovich，Inc，1977.

10. P. Nolan and G. Lenski. Human Societies：An Introduction to Macrosociology（8th ed.）［M］. Mcgraw-Hill College. 1998：57-58.

11. Moore J F. 竞争的衰亡：商业生态系统时代的领导与战略[M]. 梁骏，杨飞雪，李丽娜，译. 北京：北京出版社，1999.

12. 恩格斯. 自然辩证法[C]. 马克思恩格斯选集. 第4卷. 北京：人民出版社，1995：284.

13. 崔保国.《2004—2005 中国传媒产业发展报告》[R]. 北京：中国社科文献出版社，2005：3.

14. 崔保国，郑维雄，何丹嵋. 数字经济时代的传媒产业创新发展[J]. 新闻战线，2018(11)：73-78.

15. 萧南槐. 大系统论——预测决策管理方法[M]. 广州：广东人民出版社，1986：178.

16. 张国良，刘红，徐晖明. 当代中国大众媒介与社会发展[J]. 今传媒，2006(10).

17. 林晓轩. 报业并未走下坡路[N]. 参考消息，2007(336)：12.

18. 马克思. 政治经济学批判（导言）[C]. 马克思恩格斯选集. 第2卷. 北京：人民出版社，1995：32-33.

19. 丹尼尔·贝尔. 资本主义文化矛盾[M]. 赵一凡等，译. 北京：三联书店，1986：198-199.

20. 国内第一家旅游专业网站——北京旅游信息网[J]. 中国数据通讯网络，1999(Z1)：40-41.

21. 胡涛，任良. 互联网对传统媒介的冲击[J]. 中国电力教育，

2008(S3):315-318.

22. [会议论文].李成野-2000.第四届全国科技传播研讨会.

23. 张立文.中国哲学范畴发展史(天道篇)[M].北京:中国人民大学出版社,1988:184.

24. 汪学群.王夫之易学中的实有思想与清初务实学风[J].周易研究,2000(3).

25. 谭嗣同.谭嗣同全集(增订本)[C].北京:中华书局,1981:293-294.

26. 汤勤福.太虚非气:张载"太虚"与"气"之关系新说[J].南开学报,2000(3).

27. 张载.张子正蒙[M].上海:上海古籍出版社,2000:卷九《乾称篇》.

28. 张立文.中国哲学范畴发展史(天道篇)[M],北京:中国人民大学出版社,1988:198.

29. 周宪.审美现代性批判[M].北京:商务印书馆,2005:113.

30. 陈卫星.传播的观念[M].北京:人民出版社,2004:438.

31. 佚名.新闻背景:休闲时间的历史性增长[OL].新华网,http://news. xinhuanet. com/travel/2006-05/02/content_4503682. htm.

32. 中国互联网络信息中心(CNNIC).《第43次互联网络发展状况统计报告》[OL]. http://www. cnnic. net. cn/hlwfzyj/hlwxzbg/.

33. 杨磊,孙业.我国省级党报的现状与走势——全国省级党报基本情况调查报告(上)[J].新闻记者,2001(8).

34. 罗仲伟,郭朝先.加快我国中小企业发展的政策思路[OL].山西中小企业网,http://www. sxsme. com. cn/main/News_View. aspclass_id=115&news_id=265.

35. 中共湖北日报社委员会文件（鄂报发 1984. 21 号）关于创办《江汉早报》的报告.

36. 黄俊杰. 报业竞争环境的六力分析与竞争战略模型［OL］. 传媒学术网, http：//www. mediaundo. com/blog/A10756-12/index. html.

37. 威尔伯·施拉姆. 传播学概论［M］. 陈亮等,译. 北京:新华出版社,1984:114.

38. 杨李娜. 新闻媒体信息化服务支撑系统建设的思考［J］. 中国传媒科技,2014(Z1):109-111.

39. 马克思. 共产党宣言［C］. 马克思恩格斯选集. 第一卷. 北京:人民出版社,1972:254.

40. Bell, Daniel. The Coming of Post-Industrial Society［M］. New York:Basic Books,1999:17.

41. Bell,Daniel. Technology and Human Civilization［R］. Speech on Television in Centennial Celebration of NanjingUniversity.

42. 陶凤. 中等收入标准"保量"也要"保质"［N］. 北京商报,2018-01-12(002).

43. 观察者网. 德国保险巨头报告:全国中产壮大中国占据半数［OL］. https：//www. guancha. cn/economy/2018_09_30_474017. shtml.

44. 参考消息. 美媒文章:中产阶级成中国重要经济力量. ［OL］. http：//m. ckxx. net/pinglun/p/134284. html.

45. 何道宽. 媒介即文化——麦克卢汉媒介理论批评［J］. 现代传播,2000(6).

46. 2019 中国 MCN 行业发展研究白皮书（节选）［J］. 中国广告,2019(05):83-88.

47. 黄平. 论 MCN 背景下传统媒体的融合之路[J]. 新闻研究导刊,2018,9(14):1-2+41.

48. 关于推动传统媒体和新兴媒体融合发展的指导意见. [EB/OL]. http：//media. people. com. cn/GB/22114/387950/.

49. 邹佩. 数字技术助推媒体融合纵深发展,媒体与产业融合成为新趋势. [OL]. http：//www. sohu. com/a/303892679_419573.

50. 东方资讯. 腾讯地图联合央视财经为祖国送祝福,16 个小时参与人数超过 1000 万. [OL]. http：//mini. eastday. com/a/171002171656366. html.

51. 陈映. 媒介融合概念的解析与层次[J]. 北京邮电大学学报(社会科学版),2014,16(01):1-7.

52. 2018 德勤中国移动消费者调研《科技之巅——站在顶端的中国数字消费者》.

53. 极光大数据:《2017 新闻资讯类 app 研究报告》.

54. 齐彦丽等:《融合移动边缘计算的未来 5G 移动通信网络》,《计算机研究与发展》,2018 年第 3 期.

55. 新华网:《全球第一个 5G 标准完成并发布中国 5G 话语权大幅提升》,2017 年 12 月 22 日,http：//www. xinhuanet. com/fortune/2017-12/22/c_1122149202. html.

56. IMT-2020(5G)推进组,《5G 概念白皮书》,2015 年 2 月.

57. 王远华、刘胜强:《4G 用户移动互联网使用行为剖析》,《通信企业管理》,2015 年第 3 期,第 60-63 页.

58. 中国互联网络信息中心:《2016 年中国互联网新闻市场研究报告》,http：//www. cnnic. cn/hlwfzyj/hlwxzbg/mtbg/201701/P020170112309068736023. pdf.

59. 中国互联网络信息中心:《第 42 次中国互联网络发展状况统计调查》,2018 年 7 月.

60. 中国互联网络信息中心:《2016 年中国互联网新闻市场研究报告》,2017 年 1 月,http://www. cnnic. cn/hlwfzyj/hlwxzbg/mtbg/201701/P020170112309068736023. pdf.

61. 中国互联网络信息中心:《2016 年中国社交应用用户行为研究报告》,2017 年 2 月,http://www. cnnic. cn/hlwfzyj/hlwxzbg/sqbg/201712/P020180103485975797840. pdf.

62. 彭兰:《我们即将面临"万物皆媒、人机共生"的智媒时代》,http://sike. news. cn/statics/sike/posts/2016/11/219509602. html.

63. 丹尼斯·麦奎尔. 受众分析[M]. 刘艳楠、李颖、杨振荣译. 北京:中国人民大学出版社,2007. 158.

64. 王绍忠,谢文博.《"四全"媒体是媒体融合发展的必然趋势》,吉林日报,2019 年.

65. 华文. 媒介影响力经济探析[J]. 国际新闻界,2003(01):78-83.

66. 赵彤. 媒体融合传播效果评估的路径、模型与验证[J]. 新闻记者,2018(03):79-82.

67. 周勇,赵璇. 融媒体环境下视听传播效果评估的指标体系建构——基于 VAR 模型的大数据计算及分析[J]. 国际新闻界,2017,39(10):125-148.

68. 郑丽勇,郑丹妮,赵纯. 媒介影响力评价指标体系研究[J]. 新闻大学,2010(01):121-126.

69.《2014—2015 中国数字出版产业年度报告》.